物业管理实操

从入门到精通

薛立　金益民　王可欣　著

天津出版传媒集团
天津科学技术出版社

图书在版编目（CIP）数据

物业管理实操从入门到精通 / 薛立，金益民，王可欣著. -- 天津 : 天津科学技术出版社，2024.5

ISBN 978-7-5742-2155-0

Ⅰ. ①物… Ⅱ. ①薛… ②金… ③王… Ⅲ. ①物业管理一基本知识 Ⅳ. ①F293.347

中国国家版本馆 CIP 数据核字（2024）第 102201 号

物业管理实操从入门到精通

WUYE GUANLI SHICAO CONG RUMEN DAO JINGTONG

责任编辑：刘　磊

出　　版：天津出版传媒集团
天津科学技术出版社

地　　址：天津市西康路 35 号

邮　　编：300051

电　　话：（022）23332695

发　　行：新华书店经销

印　　刷：天宇万达印刷有限公司

开本 670×950　1/16　印张 14　字数 220 000

2024 年 5 月第 1 版第 1 次印刷

定价：49.80 元

前言
Preface

21世纪以来，我国的房地产行业快速发展，带动了物业管理行业的快速发展。然而，随着增量房屋的减少，物业管理行业将逐渐从以房屋开发建设、提供增量供应为主转向对既有房屋的存量管理、优化资源配置为主。这意味着物业管理行业的发展空间仍然很大，同时也需要在激烈的市场竞争中不断提升物业服务企业的管理水平和物业从业人员的业务水平。

本书依据《中华人民共和国民法典》《物业管理条例》（2018年3月19日国务院令第698号，第三次修订）等法律、法规，吸收了近年来物业管理行业的有关理论和实际经验编写而成。本书由五个模块二十一章构成，包括第一部分物业管理常识，由物业管理与物业服务企业、业主及业主大会、住宅专项维修基金三章构成；第二部分物业服务企业的内部管理，由物业服务企业岗位的设立及岗位责任、工作计划的制订及企业内部的沟通、企业团队建设及人员培训、物业服务合同的管理、物业收费的管理五章构成；第三部分物业服务企业管理程序，由物业招投标的管理、物业的接管验收、物业入住手续的办理、物业装修的管理四章构成；第四部分物业服务的主要内容，由房屋维修管理、物业设施设备管理、物业安全管理、物业保洁及绿化管理、客户服务管理、特约服务及综合经营服务、物业管理中的突发事件及处理流程七章构成；第五部分智能管理及信息技术的应用，由智能化建筑的物业管理、BIM 在物业管理中的应用及发展两章构成。

本书在编写过程中，力求理论与实践相结合，注重实用性和可操作性，为读者提供了流程设置、制度范本、表单模板、文本参考等。本书不仅适用于物业服务企业的管理者、普通员工、新入职员工的培训，也可作为高校教师、学生的专业课教材。此外，物业管理领域的专家和学者还可以将本书作为参考研究的指南。

目录

Contents

第一部分 物业管理常识

第二部分 物业服务企业的内部管理

第一部分 物业管理常识

物业服务企业的从业人员必须掌握物业管理、前期物业管理、物业管理的业务范围、物业服务企业及物业服务企业的构架的有关知识，熟悉针对业主、业主大会及业主委员会的一般规定，了解住宅专项维修基金的管理及使用规定。

第一章　物业管理与物业服务企业

第一节　物业管理和前期物业管理

一、物业管理

物业管理是指业主通过选聘物业服务企业，由业主和被选定的物业服务企业按照物业服务合同约定，对房屋及配套的设施设备和相关场地进行维修、养护、管理，维护物业管理区域内的环境卫生和相关秩序的活动。

【要点】

物业管理的主体必须是专门从事物业服务的企业。

物业管理的权限必须受物业所有者的委托，并依据国家的法律，按照一定的合同或契约进行。

物业管理的对象是已经竣工验收并投入使用的各类建筑物及附属的设施设备和相关场地。

物业管理是以经营的方式进行的统一的、专业化的管理。

物业管理的目的是为业主服务。

二、前期物业管理

前期物业管理是指房屋自售出之日起至业主委员会与物业服务企业签订的《物业管理合同》生效前的物业管理。表 1-1 所示是前期物业管理与物业管理的对比。

表 1-1　前期物业管理与物业管理的对比

项目	前期物业管理	物业管理
委托人	建设单位	业主或者建设单位
物业费承担	业主入住前：建设单位 业主入住后或办理入住以后：业主	业主或建设单位
委托期限	前期物业服务合同可以约定期限，但期限未满、业主委员会与物业服务企业签订的物业服务合同生效的，前期物业服务合同终止	由业主委员会或建设单位确定
签订合同名称	前期物业管理合同	物业管理合同
物业管理内容	物业接管验收（很重要）及建设单位委托的管理内容	物业的接管验收（可能是新房也可能是旧房）及业主或建设单位委托的内容

第二节　物业管理的业务范围及内容

物业管理的业务范围及内容因委托方委托的事项及房屋的用途不同而不同，但一般包括如下项目。

1. 基本业务

基本业务包括：对房屋建筑、机电设备、供电供水、公共设施等进行运行、保养和维护，房屋的维护与修缮管理。

2. 专项业务

专项业务包括：安全保卫、环境卫生、园林绿化、消防管理、车辆交通、停车场安全、投诉的处理等工作。

3. 特色业务

特色业务包括：特约服务和便民服务。

4. 经营业务

经营业务包括：房屋中介服务、装修业务、广告经营管理、多种生活服务等。

5. 其他业务

其他业务种类繁多，根据业主委托项目的不同而不同。如：智能管理系统的建设与管理等。

以上业务将在后面的章节中介绍。

第三节 物业服务企业

一、物业服务企业

物业服务企业是指依法成立、具备专门资质并具有独立企业法人地位，依据物业服务合同从事物业管理相关活动的经济实体。

成立物业服务企业需要具备以下几点。

（1）依法成立。

（2）有必要的财产或者经费。

（3）有自己的名称、组织机构和场所。

（4）能够独立承担民事责任。

二、物业服务企业的权利与义务

物业管理合同中应该明确规定物业服务企业的权利和义务，一般应包括表 1-2 中的内容。

表 1-2 物业服务企业的权利和义务

编号	物业服务企业的权利	物业服务企业的义务
1	依照物业服务合同和管理制度对物业实行管理	按照物业服务合同及国家有关物业服务的规范提供物业服务

续表

编号	物业服务企业的权利	物业服务企业的义务
2	依照物业服务合同的约定收取物业服务费用	在业主、物业使用人使用物业前，将物业的共用部位、共用设施设备的使用方法、维护要求、注意事项等有关规定书面告知业主、物业使用人
3	可以将物业管理区域内的专项服务业务委托给专业性服务企业，但不得将该区域内的全部物业管理一并委托给他人	按照法律、法规的规定以及物业服务合同约定，做好物业区域内的安全防范工作
4	法律、法规规定和物业服务合同约定的其他权利	定期对物业的和业主的共用部位、共用设施设备进行养护，按照物业服务合同约定组织维修
5	—	做好物业维修、养护、更新及其费用收支的各项记录，为业主提供免费查询服务，妥善保管物业档案资料和有关财务账册
6	—	听取业主委员会、业主、物业使用人的意见，改进和完善物业服务
7	—	对物业区域内的违法违规行为进行劝阻、制止，并向业主委员会和有关行政主管部门报告
8	—	法律、法规规定和物业服务合同约定的其他义务

第四节 物业服务企业的组织构架

物业服务企业的组织构架主要有以下三种类型。

一. 直线制

直线制是较早的一种企业管理组织形式。其主要特点是不设专业职能部门，机构按垂直系统领导。企业领导者亲自执行全部管理职能，只设职能人员协助主管人工作，实行单向逐级负责制，如图 1-1 所示。

直线制的优点是结构简单、指挥统一、权责分明、效率较高及决策迅速，其利润来源明确，管理层直接对成本和利润负责，适用于小型物业管理项目。但其缺点是各种管理职能归集于一人负责，难以适应较复杂的管理；人力资源分散，不适应大范围的管理。

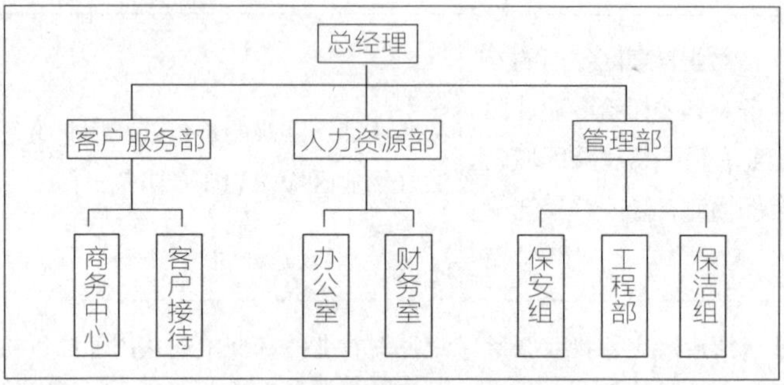

图 1-1　直线制物业管理组织形式

二、职能制

职能制在直线制组织的基础上为各级领导者设置了相应的职能机构或专职人员，以便他们既能在各自职权范围内有权直接指挥下属部门，又能协助领导工作，如图 1-2 所示。这种组织形式适合规模不是很大，但管理项目难度较高的物业服务企业。

职能制的优点是能适应复杂的物业管理项目，减轻领导者的工作负担；其缺点是容易造成多头指挥，不利于健全责任制。

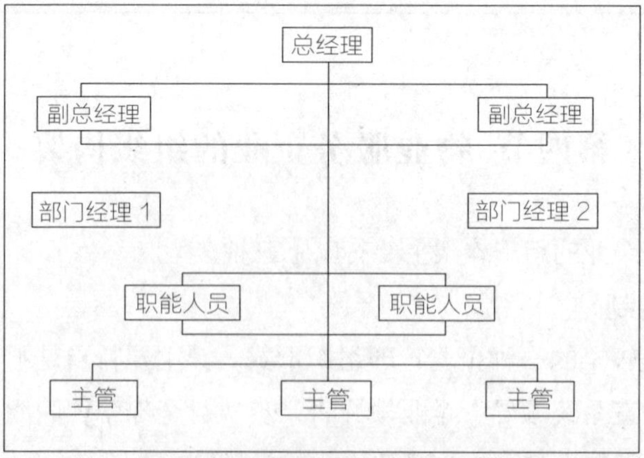

图 1-2　职能制物业管理组织形式

三、直线职能制

直线职能制又称直线参谋式，它是在直线制的基础上吸收了职能制的长处，把垂直指挥职能与职能部门的专业管理职能相结合的一种组织形式。直线职能制既保持了直线制的统一领导和指挥，又体现了职能分工的长处，对于减轻主管领导的负担、弥补主管领导专业上的不足起到了重要作用。

直线职能制的优点是各级领导人员都有相应的职能人员做参谋或助手，因而能对本部门的管理、技术、经济活动进行有效的指挥，而每一个部门都由领导人员统一领导和指挥，可以满足企业经营、管理活动的统一指挥和实行严格责任制度的要求。它适用于中等规模的企业，也是目前较多企业采用的组织形式。它的缺点是下级缺乏必要的自主权，各个职能部门之间缺乏横向联系，容易产生脱节和矛盾；信息反馈速度缓慢，组织不力，可能降低效率，如图 1–3 所示。

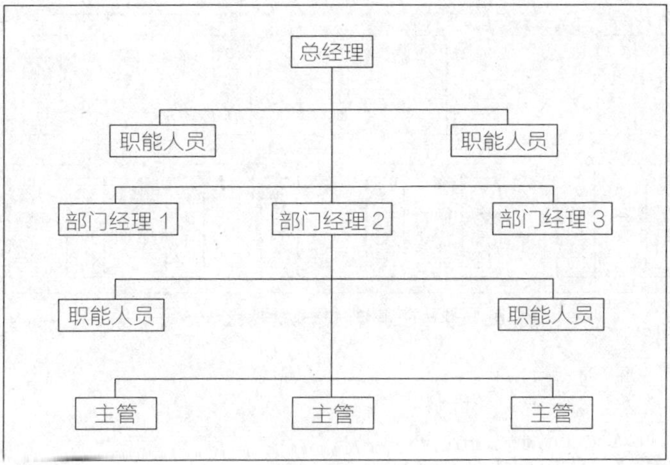

图 1–3　直线职能制物业管理组织形式

四、事业部制

这种组织形式是按照“集中决策、分散经营”的原则，把企业的管理、经营活动，按大类或地区建立事业部；实行总公司决策，事业部在总公司领导下，实行独立核算、独立经营，每个事业部都负责若干经营事务，是实施企业目标的基本经营管理单位。

事业部制的优点包括：有利于企业最高领导层摆脱日常行政事务，改善决策机制；有利于调动各事业部的积极性、责任心与主动性，增强企业经营的适应性与灵活性，消除由于企业规模大、层次多所造成的各种弊端；由于各事业部实行独立核算、自负盈亏，有利于分清各事业部的经营效果，调整经营业务结构，促进内部竞争；有利于将企业内部的社会化与专业化有效结合起来，加强多元化经营；有利于考核干部，培养复合型人才，提高领导素质。

事业部制的缺点是：各个事业部之间易协调困难，机构重复，用人过多。

这种组织形式适合于规模大、物业种类多、经营业务复杂的物业服务企业，如图 1-4 所示。

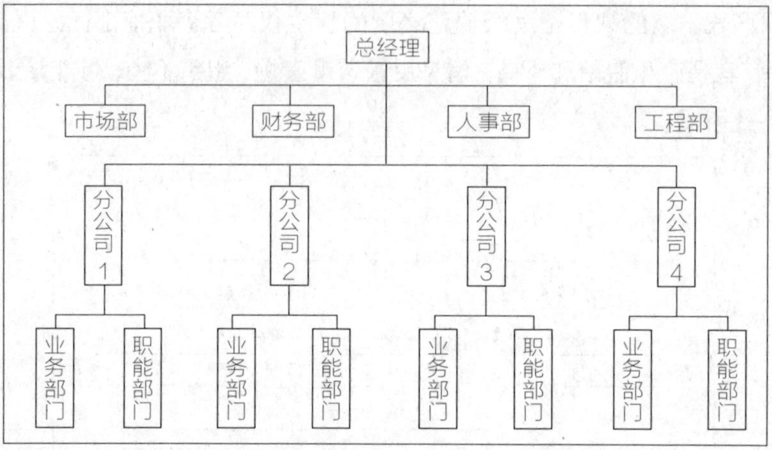

图 1-4　事业部制物业管理组织形式

第二章　业主及业主大会

第一节　业主及房屋使用权人

一、业主

房屋的所有权人为业主。在物业管理中，业主类型分为三种：一是房屋所有权证书持有人；二是房屋共有权证书持有人；三是待领取房屋所有权证书和房屋共有权证书的购房人。

二、业主的权利与义务

《物业管理条例》中明确规定了业主在物业管理活动中的权利及义务。

1. 业主的权利

（1）按照物业服务合同的约定，接受物业服务企业提供的服务。

（2）提议召开业主大会会议，并就物业管理的有关事项提出建议。

（3）提出制定和修改管理规约、业主大会议事规则的建议。

（4）参加业主大会会议，行使投票权。

（5）选举业主委员会成员，并享有被选举权。

（6）监督业主委员会的工作。

（7）监督物业服务企业履行物业服务合同。

（8）对物业划定的共用部位、共用设施设备和相关场地使用情况享有知情权和监督权。

（9）监督物业对共用部位、共用设施设备专项维修资金的管理和使用。

（10）法律、法规规定的其他权利。

2. 业主的义务

（1）遵守管理规约、业主大会议事规则。

（2）遵守物业管理区域内物业共用部位和共用设施设备的使用、公共秩序和环境卫生的维护等方面的规章制度。

（3）执行业主大会的决定和业主大会授权业主委员会做出的决定。

（4）按照国家有关规定交纳专项维修资金。

（5）按时交纳物业服务费用。

（6）法律、法规规定的其他义务。

三、房屋使用权人

房屋使用权人是指不拥有房屋的所有权，但通过某种形式获得房屋的使用权，并实际使用房屋的人。目前，取得使用权的主要形式是租赁形式。使用人的基本权利和义务受到租赁合同的限制，使用人应享有的权利通过合同进行约定，在业主授权的范围内行使。

第二节 业主大会

一、业主大会

业主大会由物业管理区域内全体业主组成，代表和维护物业管理区域内全体业主在物业管理活动中的合法权利，履行相应的义务。

【要点】

业主大会自首次业主大会会议召开之日起成立。

一个物业管理区域只能成立一个业主大会。

业主大会由物业管理区域内全体业主组成。

对于由众多业主构成的物业管理区域，只有成立业主大会才能民主地解决物业管理的公共事项；对于业主数量较少的物业管理区域，业主可共同商讨物业管理问题，若业主大会成立与否不影响业主关于物业管理的民主决策，也可以不成立业主大会。此种情况下由业主共同承担业主大会、业主委员会的职责。

二、第一次业主大会的召开

在物业交付使用且入住率达到一定比例时，在物业所在地的区、县人民政府房地产行政主管部门和街道办事处、乡镇人民政府的指导下，由业主代表、建设单位（包括公有住房出售单位）组成业主大会筹备组，负责业主大会筹备工作。

筹备组应当自组成之日起30日内，在物业所在地的区、县人民政府房地产行政主管部门的指导下，组织业主召开首次业主大会会议，并选举产生业主委员会。

三、业主大会决定的事项、法定人数及表决效力

1. 由业主共同决定的事项和法定人数

依据《中华人民共和国民法典》第二百七十八条规定，下列事项由业主共同决定。

（1）制定和修改业主大会议事规则。

（2）制定和修改管理规约。

（3）选举业主委员会或者更换业主委员会委员。

（4）选聘和解聘物业服务企业或者其他管理人。

（5）使用建筑物及其附属设施的维修资金。

（6）筹集建筑物及其附属设施的维修资金。

（7）改建、重建建筑物及其附属设施。

（8）改变共有部分的用途或者利用共有部分从事经营活动。

（9）有关共有和共同管理权利的其他重大事项。

业主共同决定事项，应当由专有部分面积占比三分之二以上的业主且人数占比三分之二以上的业主参与表决。决定前款第（6）项至第（8）项规定的事项，应当经参与表决专有部分面积四分之三以上的业主且参与表决人数四分之三以上的业主同意。决定前款其他事项，应当经参与表决专有部分面

积过半数的业主且参与表决人数过半数的业主同意。

业主人数按照专有部分的数量计算，一个专有部分按一人计算。但建设单位尚未出售和虽已出售但尚未交付的部分，以及同一买受人拥有一个以上专有部分的，按一人计算；业主为无民事行为能力人或者限制民事行为能力人的，由其法定监护人行使投票权。

2. **业主大会的表决效力**

《中华人民共和国民法典》第二百八十条规定："业主大会或者业主委员会的决定，对业主具有法律约束力。业主大会或者业主委员会作出的决定侵害业主合法权益的，受侵害的业主可以请求人民法院予以撤销。"

业主大会的表决效力须按照《中华人民共和国民法典》执行。

第三节 业主委员会

一、业主委员会

业主委员会是在物业管理区域内，经业主大会或业主代表大会选举产生，由业主代表组成的业主大会执行机构。

【要点】

业主委员会委员必须由业主担任。

物业建设单位在其开发的物业未完全售出以前或保留经营时，依然具有业主的身份，也有当选为业主委员会成员的基本权利。

物业服务企业不能代表业主参加业主委员会。

二、业主委员会委员的任职条件

业主委员会委员应当符合下列条件。①本物业管理区域内具有完全民事行为能力的业主。②遵守国家有关法律、法规。③遵守业主大会议事规则、管理规约，模范履行业主义务。④热心公益事业，责任心强，公正廉洁，具有社会公信力。⑤具有一定组织能力。⑥具备必要的工作时间。

根据物业管理规模的大小，业主委员会设委员 5 ~ 15 人（单数），经业主大会决定可以适当增加。推选产生业主委员会主任 1 人，副主任 1 ~ 2 人，主任、副主任在业主委员会成员中选举产生。

三、业主委员会的职责

业主委员会履行以下职责。①召集业主大会会议，报告物业管理的实施情况。②代表业主与业主大会选聘的物业服务企业签订物业服务合同。③及时了解业主、物业使用人的意见和建议，监督和协助物业服务企业履行物业服务合同。④监督管理规约的实施。⑤业主大会赋予的其他职责。

除了以上法定职责外，业主委员会还应当履行业主大会赋予的其他职责。

四、业主委员会委员资格终止的情形

发生以下情形时，业主委员会委员的资格终止。①因物业转让、灭失等原因不再是业主的。②无故缺席业主委员会会议连续三次以上的。③因疾病等原因丧失履行职责能力的。④有犯罪行为的。⑤以书面形式向业主大会提出辞呈的。⑥拒不履行业主义务的。⑦因其他原因不宜担任业主委员会委员的。

第三章　住宅专项维修基金

第一节　住宅专项维修资金及其缴存

一、住宅专项维修资金

《住宅专项维修资金管理办法》中规定，住宅专项维修资金是指专项用于住宅共用部位、共用设施设备保修期满后的维修和更新、改造的资金。

【要点】

住宅共用部位是指根据法律、法规和房屋买卖合同，由单幢住宅内业主或者单幢住宅内业主及与之结构相连的非住宅业主共有的部位，一般包括：住宅的基础、承重墙体、柱、梁、楼板、屋顶以及户外的墙面、门厅、楼梯间、走廊通道等。

共用设施设备是指根据法律、法规和房屋买卖合同，由住宅业主或者住宅业主及有关非住宅业主共有的附属设施设备，一般包括电梯、天线、照明、消防设施、绿地、道路、路灯、沟渠、池、井、非经营性车场车库、公益性文体设施和共用设施设备使用的房屋等。

二、住宅专项维修资金的交存

商品住宅的业主、非住宅的业主按照所拥有物业的建筑面积交存住宅专项维修资金，每平方米建筑面积交存首期住宅专项维修资金的数额为当地住宅建筑安装工程每平方米造价的 5% ~ 8%。

第二节 住宅专项维修资金的管理

1. 业主大会成立前

业主大会成立前，商品住宅业主、非住宅业主缴存的住宅专项维修资金由物业所在地直辖市、市、县人民政府建设（房地产）主管部门代管。

2. 业主大会成立后

（1）业主大会应当委托所在地一家商业银行作为本物业管理区域内住宅专项维修资金的专户管理银行，并在专户管理银行开立住宅专项维修资金专户。开立住宅专项维修资金专户，应当以物业管理区域为单位设账，按房屋户门号设分户账。

（2）业主委员会应当通知所在地直辖市、市、县人民政府建设（房地产）主管部门；涉及已售公有住房的，应当通知负责管理公有住房住宅专项维修资金的部门。

（3）直辖市、市、县人民政府建设（房地产）主管部门或者负责管理公有住房住宅专项维修资金的部门应当在收到通知之日起 30 日内，通知专户管理银行将该物业管理区域内业主交存的住宅专项维修资金账面余额划转至业主大会开立的住宅专项维修资金账户，并将有关账目等移交业主委员会。

第三节 住宅专项维修资金的使用

一、住宅专项维修资金划转业主大会前的使用程序

住宅专项维修资金划转业主大会前的使用程序如下。

（1）物业服务企业根据维修和更新、改造项目提出使用建议；没有物业服务企业的，由相关业主提出使用建议。

（2）住宅专项维修资金列支范围内专有部分占建筑物总面积三分之二以上的业主且占总人数三分之二以上的业主讨论通过使用建议。

（3）物业服务企业或者相关业主组织实施使用方案。

（4）物业服务企业或者相关业主持有关材料，向所在地直辖市、市、县人民政府建设（房地产）主管部门申请列支；其中，动用公有住房住宅专项维修资金的，向负责管理公有住房住宅专项维修资金的部门申请列支。

（5）直辖市、市、县人民政府建设（房地产）主管部门或者负责管理公有住房住宅专项维修资金的部门审核同意后，向专户管理银行发出划转住宅专项维修资金的通知。

（6）专户管理银行将所需住宅专项维修资金划转至维修单位。

二、住宅专项维修资金划转业主大会管理后的使用程序

住宅专项维修资金划转业主大会后的使用程序如下。

（1）物业服务企业提出使用方案。使用方案应当包括拟维修和更新的设备、改造的项目、费用预算、列支范围、发生危及房屋安全等紧急情况以及其他需临时使用住宅专项维修资金的情况的处置办法等。

（2）业主大会依法通过使用方案。

（3）物业服务企业组织实施使用方案。

（4）物业服务企业持有关材料向业主委员会提出列支住宅专项维修资金；其中，动用公有住房住宅专项维修资金的，向负责管理公有住房住宅专项维修资金的部门申请列支。

（5）业主委员会依据使用方案审核同意，并报直辖市、市、县人民政府建设（房地产）主管部门备案；动用公有住房住宅专项维修资金的，经负责管理公有住房住宅专项维修资金的部门审核同意；直辖市、市、县人民政府建设（房地产）主管部门或者负责管理公有住房住宅专项维修资金的部门发现不符合有关法律、法规、规章和使用方案的，应当责令改正。

（6）业主委员会、负责管理公有住房住宅专项维修资金的部门向专户管理银行发出划转住宅专项维修资金的通知。

（7）专户管理银行将所需住宅专项维修资金划转至维修单位。

第二部分
物业服务企业的内部管理

物业服务企业的从业人员必须掌握企业岗位的设立方式及岗位责任、企业团队建设及人员培训的有关内容，熟悉前期物业管理合同、物业管理合同的内容以及物业收费管理的有关知识。

第四章　物业服务企业岗位的设立及岗位责任

第一节　物业服务企业总经理岗位及职责

物业服务企业总经理负责公司的全面工作，着重于外部沟通、项目开发、公司人事、财务管理等。

一、物业服务企业总经理需要具备的知识及能力

1. 岗位必备知识

了解房屋结构、设施设备、园林、绿化等修缮的基本知识；了解房地产有关理论和开发、经营、管理、估价等基本知识；了解《中华人民共和国民法典》《中华人民共和国公司法》《中华人民共和国经济合同法》《中华人民共和国税法》《中华人民共和国民事诉讼法》等法律知识；熟悉计算机应用的知识；熟悉房屋完损等级标准和安全管理基本知识；熟悉国家和本地区的物业管理法律、法规、政策，掌握物业管理的基本理论与实务；掌握企业经营管理知识。

2. 岗位必备能力

具有制定企业发展规划、建立健全企业管理制度的能力；掌握本企业各部门业务及运作状况，熟悉企业财务、税收状况和市场变化情况，具有经营决策能力；具有综合组织及协调能力，具有公关、谈判及建立业务关系的能力；具有处理突发事件的能力；具有计算机应用能力。

3. 素质要求

具备良好的服务意识、责任感和职业道德；具备本部门相关专业的系统知识和丰富的实践经验；具有人员组织管理的能力；具有优良的品德修养和敬业精神。

二、物业服务企业总经理承担的职责

物业服务企业总经理承担的职责包括以下内容。

（1）主持公司的全面工作。

（2）负责决定公司的组织构架，建立健全公司统一、高效的组织体系和管理体系。

（3）负责拟订公司年度工作计划和工作总结，负责质量管理体系的建立和实施。

（4）负责审核财务报表、财务预算、核算、各类开支的报批。

（5）负责一体化管理的内部审核、实施与保持。

（6）负责公司经营决策、人事审批工作。

（7）负责与开发公司的沟通与协调工作。

（8）贯彻执行公司的各项反腐倡廉管理制度，坚持以身作则，保持廉洁自律。

（9）完成公司交给的其他工作。

第二节 项目经理岗位及职责

一、项目经理岗位需要具备的知识及能力

1. 岗位必备知识

了解房地产相关理论和开发经营、管理等基本知识；熟悉物业管理的基本理论和政策法规，掌握本地区有关物业管理要求、计费规定等；掌握房屋完损等级标准、质量检测方法和安全管理的基本知识；技术标准、修缮标准和管理标准；掌握房屋结构、设施设备等修缮（维护）的基本知识；掌握计算机应用知识。

2. 岗位必备能力

具有建立健全部门岗位责任制和部门管理规章制度的能力；具有制订工作计划，并组织实施的能力；具有及时处理危漏房和房屋、设施设备的抢修排险和火警、匪警、救护等突发事件的能力；具有宣传教育、组织各类活动

及处理矛盾的能力；具有处理专项业务并与相关机构协调的能力；具有熟练应用计算机进行管理的能力。

3. 素质要求

具有胜任本职工作的能力，具有良好的职业道德、责任心和服务意识，有吃苦耐劳的精神。

二、项目经理岗位职责

项目经理岗位因物业服务的项目不同而有所不同，但一般包括以下内容。

（1）在公司总经理室领导下，做好所在项目的全面工作。

（2）负责拟订项目年度工作计划和工作总结，负责质量管理体系的建立和实施。

（3）负责接管项目物业管理工作的运行。

（4）负责接待辖区业主的重大投诉，及时有效组织对投诉的处理，并向业主反馈处理意见和结果。

（5）积极与业主沟通、协调，了解业主对物业服务的意见和建议。

（6）负责协调公司重大活动的环境渲染和接待工作。

（7）组织对管理重点项目的巡视，发现问题及时处理。

（8）协助总经理做好本公司的反腐倡廉工作，带头遵守集团的反腐败制度，坚持以身作则、廉洁自律。

（9）领导交办的其他工作。

第三节　办公室主任岗位及职责

办公室主任岗位，根据物业公司规模的大小和服务内容的不同，有些公司设置该岗位，有些公司不设置该岗位。其岗位职责也因物业服务内容不同而有所不同，但是一般包括以下内容。

（1）建立健全公司各项规章制度，并组织实施；不断提高服务质量，落实奖惩制度。

（2）负责员工年度培训计划的制定和监督实施工作，并组织培训。

（3）负责公司印章的管理和使用，严格执行印章的审用规定。

（4）负责撰写、审核公司各类应用文稿。

（5）负责对外宣传、公关接待及联络工作。

（6）负责安排各种会议及做好记录，编写会议纪要和决议。

（7）负责传达公司文件、通知及会议精神。

（8）负责公司微信公众平台、网站运营工作，做好公司形象宣传。

（9）负责员工考勤管理的记录、审核工作。

（10）负责员工招聘、离职及内部调动手续的办理。

（11）负责重大投诉的回访工作，做好归口处理；做好存档并负责各类档案的日常管理工作。

（12）负责业主特殊求助事件的安排、处理工作。

（13）负责策划并落实便民服务项目，制定相关的收费标准。

（14）检查监督各项目年度目标完成情况，做好绩效考核。

（15）熟悉国家有关法规和物业管理规定，检查督促各责任区管理的实际操作。

（16）协助总经理处理日常事务、上传下达协调部门工作。

（17）完成公司交给的其他工作。

第四节 文员的岗位及职责

各个不同的物业公司，都设置文员岗位，其职责主要包括以下内容。

（1）根据主任的要求，协助起草公司业务报告、计划、总结、决议及公文函件。

（2）汇总各类报表，做好公司大事记和外事活动日志。

（3）协助主任做好日常接待、来信来访等工作。

（4）做好保密工作，所保管的各种文件、资料，不得遗失，不得外漏，定期清理各种文件、资料。

（5）在日常工作中注意收集和积累各种资料，指导各部门按归档范围和目录整理该归档的材料，在次年初将各项目档案材料整理立卷归档。

（6）严格借档手续，做好档案、文件、资料的借阅，并做好登记工作。

（7）做好档案的安全防腐防霉工作。

（8）负责各种公文的打印、复印，接听电话、收发传真、接待来访人员。

（9）负责公司报刊、信函的收发传递。

（10）公司微信公众平台、网站的更新、维护工作。

（11）发现网络上对公司有不良影响的言论，及时上报办公室主任。

（12）公司人员招聘的跟进以及面试安排。

（13）办公设备的使用和基本维护。

（14）办公用品的采购、库存、领用管理。

（15）办理公司员工的入职、离职、升职、调职等行政手续。

（16）管理好员工人事档案材料，建立、完善员工人事档案的管理。

第五节　会计及出纳岗位及职责

每个物业公司都应该至少设置一名会计和一名出纳岗位，其主要职责有以下内容。

（1）负责审核过的费用领用、签发工作。

（2）负责根据主管会计提供的转账支票填制进账单。

（3）负责物业公司相关费用的收缴与支出工作。

（4）负责整理结算票据工作。

（5）负责对每月的记账凭证进行排序整理。

（6）负责现金、存款、存单的管理。

（7）负责现金日记账逐笔登记，根据记账凭证编制现金报表。

（8）不超限额保存现金，不私借、挪用公款。

（9）负责填写银行结算票据和现金日记账记载，字迹应工整规范。

（10）负责物业收费现金保管和入账工作。

（11）负责公司的账务报销工作。

（12）遵守集团和公司的各项反腐倡廉制度，坚持廉洁自律。

第六节 客服部主管及职责

一般大型项目或大型物业公司，都会设置客服主管岗位，其工作职责根据项目特点不同，有所区别。下面是某住宅小区的客服主管的主要工作职责。

（1）负责制订物业客户服务工作制度、管理方案和工作计划，带领本部门员工按时、按质、按量地完成工作计划。

（2）负责物业客服员业务培训的策划、组织、实施、考核，负责本部门员工日常工作的指导、检查、监督和考核。

（3）负责辖区内发生的重大投诉和重要业主投诉的跟进、处理。

（4）负责辖区内物业服务费收缴工作，对长期欠费、恶意欠费的重点业主进行跟进、处理。

（5）负责组织收集业主意见，并对业主的意见进行调查、处理、回访。

（6）负责辖区内的社区文化及宣传工作。

（7）审核客服接待记录，并做好相应档案归档工作。

（8）督促客服中心及时做好工作周报、月报工作。

（9）负责小区所有商业广告的管理和租赁。

第七节 维修部主管及职责

维修部主要负责房屋及设施设备的维修工作，维修部主管的职责主要有以下内容。

（1）负责制定和实施部门规章制度、工作流程、岗位职责。

（2）建立健全小区设施设备、维修档案，完善设施设备台卡，完善各类工程维修资料记录表单。

（3）根据设施设备的实际情况制订维保计划并组织实施。

（4）加强业务学习、培训，制订业务培训计划并组织实施。

（5）跟进项目工程施工，针对工程设计提出合理的建议。

（6）定期组织检查设施设备的运行情况并做好详细记录。

（7）定期组织检查小区排污系统。

（8）做好小区公共能耗、业主另行用电、用水的检查统计核算及费用收取工作。

（9）做好房屋接管验收、各类资料交接、业主收房验房工作。

（10）做好业主报修事项的维修及公共区域维修工作安排。

（11）做好有偿维修服务工作安排。

（12）遵守集团和公司的各项反腐倡廉制度，坚持廉洁自律。

第八节 保洁部主管及职责

保洁部主管的职责主要有以下内容。

（1）负责制定和实施部门管理方案、规章制度、工作流程、岗位职责、卫生服务标准等。

（2）负责组织管理区域内卫生清洁工作，督促检查班组成员的卫生清洁情况，对不合格的服务及时纠正。

（3）负责建筑垃圾清运车辆协调工作，建筑垃圾日产日清。

（4）负责空置房保洁安排打扫工作。

（5）帮助部门员工解决工作中遇到的疑难问题。

（6）及时将每月所需物品采购计划报公司办公室，对部门清洁工具、材料的保管负总责。

（7）负责审核各班组的考勤、加班情况等。

（8）完成公司领导交办的突击性清洁工作。

（9）组织保洁培训工作，提高业务能力。

（10）遵守集团和公司的各项反腐倡廉制度，坚持廉洁自律。

第九节 保安部主管及职责

保安主管需要熟悉物业公共秩序维护方面的相关法律法规、工作规程，了解安全消防监控设备的使用、维护。保安部主管工作职责主要有以下内容。

（1）全面负责区域内的消防、保安工作，定期维护消防设施、监控设施。

（2）建立完备的保安制度，严格执行，确保办公秩序正常、安全。

（3）建立健全队员值班、考勤和请销假制度，并负责对本队队员岗位考评工作，每月定期向经理汇报。

（4）负责组织本队队员学习政治和业务知识，及时贯彻落实项目的各项指示精神，认真研究落实各项工作要求，带领队员积极做好项目的安全防范工作。

（5）和地方消防安全部门、派出所建立良好的合作关系。

（6）负责管辖区内保安队伍的管理工作。

（7）负责保安队员的招聘，确保符合岗位要求的人员及时到位。

（8）负责管辖区域内保安员的业务知识、消防知识、公司制度等培训和思想教育工作。

（9）负责管辖区域内门店保安因请假、离职等原因顶班人员的协调处理及安排。

（10）负责管辖区域内保安员的员工关系处理工作。

（11）负责与管辖区域内客户的沟通、协调工作，保持良好的客户关系。

（12）负责辖区内突发事件的处理工作。

第五章　工作计划的制订及企业内部的沟通

第一节 制订工作计划

物业服务企业的工作计划种类较多，如总体工作计划和专项工作计划，年度、季度、月度工作计划等。

一、总体工作计划

物业服务企业的总体工作计划，就是对物业服务企业即将开展的工作的设想和安排，如提出任务、指标、完成时间和步骤方法等。

下面是物业服务企业对楼宇服务的总体工作计划。

1. **指导思想**

以规范服务为准则，以质量建设为重点，以安全生产为基础，以队伍建设为保障。进一步在求创新、求特色、求实效上下功夫，全面提升 ×× 物业管理中心服务水准。把精细化管理，贴心式服务，高水平后勤落到实处。

2. **工作目标**

（1）继续完成既定的办公用房招商计划。包括：第一，建立客户的需求信息，了解客户的所属行业、租赁需求，并与之建立良好的联系；第二，建立办公用房中介商和联系人的名录，并与之保持良好的、经常性的联络；第三，熟悉房产市场的政策法规和周边办公楼的楼宇内涵及其租赁客户机构名录，建立 ×× 大厦的潜在客户名册；第四，做好本楼宇租赁客户的信息采集和归档。

（2）严格制度、落实措施，提高安全防范能力。包括：第一，以重大设备零故障，重点服务零缺陷、安全生产零事故为物业管理与服务的核心目标，严格执行各项规章制度，强化与规范作业流程，杜绝安全隐患；第二，确定公司服务的高科技大厦安全保障的重点部位、重点楼层的安全防范目标，针对楼宇各租赁单位的安全消防特点，建立分类预案；第三，提高全员安全责任意识和应急应变能力，强化员工的培训和实训；第四，加强设备设施维护保养，杜绝事故隐患，建立设备设施的日检、月检（或专题检查）和年检档案。

（3）规范服务、强化流程，提升公司服务品牌。包括：第一，参加中心及部门的业务活动，加强文化学习和职业技能培训，提高自身的业务能力；第二，按照质量文件体系规范作业规程，强化作业流程考核，实施服务质量跟踪、回访和质量监控，建树品质服务；第三，定时定期做好有关服务和作业人员素养的客户满意度调查及客户回访工作。

（4）加强网站建设和维护。要做到：第一，充分利用互联网，建立公共信息发布和内部信息交流共享平台；第二，做好每周周报，加强内部信息流转、信息发布以及重要信息上报工作。

（5）节约为本、降耗增效。要做到：第一，合理调控大容量用电器的分时段开闭，合理调控中央空调、燃油锅炉的开闭时间，充分利用大小机组的合理切换降低能耗、科学合理地申报每月用电量，合理控制与管理公共照明和办公照明；第二，杜绝劣质成本，建立物耗、办公用品等的申领程序，用好每一度电、每一张纸、每一分钱。

（6）建立较为完整的考核体系。要做到：第一，培养部门责任人、岗位责任人的服务意识，设定质量考核指标，建立综合评估和奖惩体系；第二，建立科学、合理的考评标准，通过综合评定，将结果与绩效和年终奖金挂钩；第三，实施中心主任、部门负责人定期巡查物业公共区域和专访客户的制度。

（7）继续做好在建项目及其相关工作。包括：完成电梯改造、完成油锅炉的油改气锅炉改造、建设好咖啡沙龙、完成排污管道的更新、完成公共区域的整修、完成年度维保计划、完成员工手册的修订、完成作业程序的增补与修订等。

二、专项工作计划

物业服务企业的专项工作计划，就是物业服务企业对即将服务的某一项目而做的设想和安排。

物业服务企业的专项服务计划，因专项不同、服务的物业不同、委托方委托的服务内容不同而不同。下面是物业服务企业对写字楼保洁服务的专项工作计划。

1. **基本要求**

保洁人员应按公司规定统一着装，佩戴胸牌、仪容仪表整洁端庄，为业主、访客提供清洁、舒适的工作环境；操作规范化、管理科学化；适时、及时、准时进行保洁服务；爱护物业各项设施及财物；及时处理垃圾，按指定地点分类安放废弃物；节约用电、用水；遵守安全条例和操作程序；作业时使用的材料和清洁剂不应对建筑物材质造成损害，维护建筑物原貌文明、有序作业，最大限度地减少对周围环境、业户与访客工作的影响。

2. **保洁质量要求**

（1）地面的基本质量要求及分类质量要求如下。

基本质量要求：表面、接缝、角落、边线处、应洁净，即无杂物、灰尘、印迹、污垢、污渍、划痕等。

分类质量要求：大理石、花岗石应无垃圾、杂物、污迹，打蜡后光泽均匀，打蜡每季 1 次，每周 2 次抛光，每天巡回推尘；地砖无污垢、污渍，光亮、色泽均一，点、线、面线条清晰，每天巡回推尘；地毯色泽均一、图案统一、纤维方向一致，按委托合同要求保洁，每周吸尘 1 ~ 2 次；PVC 地板表面平整，每天巡回推尘；木地板表面光亮、不褪色，每天巡回推尘；水泥地面、水磨石无污垢、污渍（如用面蜡要防水、防滑），每天湿拖 1 次。

（2）墙面、柱面的基本质量要求及分类质量要求如下。

基本质量要求：表面（2 米以下段）、接缝、顶角、边线处应洁净，无灰尘、印迹、污渍、划痕等。

分类质量要求：花岗石、大理石目视无灰尘、污渍，表面光滑、明亮，每天擦拭 1 次；墙纸无积尘、霉点、色泽均一，每月擦拭 1 次；涂料无有色划痕及其他各种污垢，每月擦拭 1 次；玻璃、镜面表面洁净明亮、透光性好，镜面人像清晰，每周擦拭 1 次；亚光丝纹不锈钢、黄铜表面色泽均一，明亮、无划痕印迹、有金属质感，每周擦拭 1 次；抛光镜面不锈钢、黄铜表面色泽均一，明亮、无划痕印迹、有金属质感，每周擦拭 1 次；铝合金板表面光滑，接缝处保持洁净，每周擦拭 1 次；面砖表面光滑，色泽均一，点、线、面线条清晰，每周擦拭 1 次；彩钢板面板色泽均一，每周擦拭 1 次。

（3）门、窗保洁频次：窗台、门框、门套、窗框、窗套及其上下部的缝隙处无灰尘、印迹、污垢、污渍等，每天擦拭 1 次；玻璃与门框四只角的结合处、铰链、旋转门中轴处等无灰尘、印迹、污垢、污渍等，每天擦拭 1 次；金属框架和拉手洁净、无氧化斑点，色泽光亮，每天擦拭 1 次；玻璃干净、明亮，无浮尘、印迹，每周擦拭 1 次；幕墙玻璃（全封闭窗玻璃）干净、明亮，无浮尘、印迹，（外窗面按委托合同要求保洁）内窗面每季擦拭 1 次；门底无污迹，每天擦拭 1 次。

（4）电梯的保洁频次：轿厢内干净无垃圾杂物，门表面光亮，每天巡回拖擦；轿厢四壁及显示屏干净，无灰尘、印迹、污渍、污垢、划痕，每天巡回擦拭；轿厢内壁不同材质立面按不同规定，每天巡回擦拭；内壁、门槽顶部无积灰，每天擦拭 1 次；不锈钢表面用不锈钢油擦拭上光，每周擦拭 1 次。

（5）花盆的保洁质量要求：盆体表面无积灰，盆内无烟蒂、杂物，每天巡回保洁。

（6）装饰树的保洁质量要求：树上无积灰、坠挂物，每天巡回保洁。

（7）茶水间的保洁质量要求：墙面干净无积灰，每月保洁 1 次；开水炉、茶水桶外壳无灰尘、污迹，每天保洁 1 次；打水台面无积水，槽内无杂物，每天保洁 1 次；桶内无杂质，每周保洁 2 次；上下水通畅，溢水口、下水道入口无异味，每天保洁 1 次。

（8）消防通道的保洁质量要求：扶手、栏杆的底部和根部干净无灰尘，每天保洁 1 次；台阶和平台干净无杂物、泥土，每天保洁 1 次；墙面和天顶干净，无积灰、污迹、蜘蛛网，每月保洁 1 次；照明及附属设备无灰尘、污迹，每周保洁 1 次；通道门、门玻璃、门框，每周保洁 2 次。

（9）公共卫生间的保洁质量要求：地面干净、干燥、无异味，每天湿拖 2 次；台面和镜面无水迹、手印迹，每天巡回保洁；小便斗、坐便器无黄渍，每天巡回保洁；水龙头干净无污渍，每天巡回保洁；隔屏板干净，无污迹、涂画，每天保洁 1 次；墙面干净无浮尘，每周保洁 2 次；目视天花、灯具、墙角无灰尘、蜘蛛网，每月保洁 2 次；卫生纸架、干手机表面无尘灰，卫生用品不短缺，每天巡回保洁。

（10）地下停车场（库）的保洁质量要求：目视地面无垃圾、杂物、积水，每天保洁 1 次；目视标识、指示牌无浮尘，每周保洁 1 次；墙面无灰尘，清除管道表面脏物，每月保洁 1 次。

（11）录像监控探头的保洁质量要求：外壳无灰尘、污渍、水迹，每周保洁1次。

（12）消防设施的保洁质量要求：灭火机箱、消火栓箱、警铃按钮外貌红色鲜艳，外表无灰尘、污渍，每天保洁1次；箱内无积灰，每周保洁1次。

（13）垃圾箱的保洁质量要求：表面干净无污迹，每天保洁1次；垃圾箱内保持干净，每天巡回保洁。

（14）玻璃顶棚的保洁质量要求：顶部无积灰、杂物，每周保洁1次；内侧框架干净，无印迹，每周保洁1次；外侧面无污水迹，每周保洁1次。

（15）机房、设备房的保洁质量要求：地面无垃圾、杂物，每周保洁2次；四周墙面、天顶无积灰，每月保洁1次。

（16）踏步地毯的保洁质量要求：干燥，无积水、污渍，每天巡回保洁。

（17）标识宣传牌的保洁质量要求：表面无灰尘、污迹、乱张贴，每天保洁1次。

（18）雕塑的保洁质量要求：表面无灰尘、污迹，每周保洁2次。

（19）围栏玻璃的保洁质量要求：干净无手印迹，每周保洁3次。

（20）道路的保洁质量要求：地面无垃圾、杂物、油渍、污渍，干燥、不积水，每天巡回保洁。

（21）排风口的保洁质量要求：无积灰、污迹，空调进、出风口网面无积灰，每周保洁1次。

（22）天台、平台的保洁质量要求：无垃圾杂物，排水口畅通，每月保洁3次。

（23）排水沟的保洁质量要求：目视干净，无杂草、杂物，每周保洁1次；排水沟畅通，无堵塞、积水、异味，每周保洁1次；疏通下水道，每季保洁1次。

（24）垃圾房的保洁质量要求：地面干净、干燥、无异味，每天保洁1次；墙面无污迹、黏附物，每天保洁1次；垃圾桶表面无积灰、污迹，冲洗空桶内壁无异味，每天保洁1次；垃圾袋装化，桶内垃圾不满溢，盖好垃圾桶盖，每天保洁1次；在垃圾房周围5米内进行消毒、灭虫，不定期保洁。

（25）机房、设备房的保洁质量要求：地面无垃圾、杂物，每周保洁2次；四周墙面、天顶无积灰，每月保洁1次；踏步地毯干燥，无积水、污渍，每天巡回保洁。

（26）标识宣传牌的保洁质量要求：表面无灰尘、污迹、乱张贴，每天保洁 1 次。

（27）雕塑的保洁质量要求：表面无灰尘、污迹，每周保洁 2 次。

（28）围栏玻璃的保洁质量要求：干净无手印迹，每周保洁 3 次。

（29）道路的保洁质量要求：地面无垃圾、杂物、油渍、污渍，干燥、不积水，每天巡回保洁。

（30）绿化带的保洁质量要求：目视无垃圾、杂物、枯叶、碎石等，每天巡回保洁；花坛外表无积灰、污迹，每天保洁 1 次。

（31）照明设施的保洁质量要求：灯杆无污迹、乱张贴，每周保洁 1 次；灯箱和灯罩外壳无灰尘、污迹，每周保洁 1 次；灯罩内无死蚊、蝇、虫，每周保洁 1 次。

（32）外墙的保洁质量要求：外立面 2 米以下无污垢，每天保洁 1 次；建筑物外立面清洗，按合同要求保洁。

（33）保安岗亭的保洁质量要求：地面干净无杂物，每天保洁 1 次；四周墙面天顶无灰尘、蜘蛛网，每月保洁 1 次；岗亭外立面干净无污迹，每周保洁 1 次。

3. **质量监督保证**

严格的检查规程是保证作业标准、作业规程等落实的重要手段，物业服务企业主要通过三查制度、三检手段和培训教育来落实相关要求。

（1）三查制度主要包括以下内容。

员工自查：每位员工根据操作规范和手段，对自己所负责的岗位或区域内的项目不断地进行自查，及时发现问题、解决问题。

领班巡查：领班应把巡回检查作为自己的主要工作，每天对自己辖区内所有部位、项目进行巡回检查，不得少于 3 次。

主管抽查：由主管或会同人员联合检查，每日抽查不得少于 2 次，主管应协助上级领导或物业管理处有关人员定期联合检查。

（2）三检手段主要包括以下内容。

视检：凭眼睛直觉检查，相关物体、部位等要达到光亮、清洁、视觉舒适。

手检：手戴白手套或用白色餐巾纸擦抹被检查的物体表面，擦拭 1 米的距离应无灰尘、污迹。

嗅检：凭嗅觉对气味进行检查，保持空气清新。

三、年度、季度和月度工作计划

物业服务企业应分别按照年、季度和月制订物业服务工作计划。工作计划的内容应根据委托方委托的服务内容和项目的不同而不同。

第二节 工作汇报及下达

一、工作汇报

物业服务企业的工作汇报主要有：物业服务企业的下级向上级汇报以往的工作情况；物业服务企业向业主进行工作汇报。

1. **物业服务企业的下级向上级的工作汇报**

主要根据上级的工作要求及内容进行汇报。比如服务的物业项目的管理、服务、收益情况，物业企业的提升情况，企业的人力资源培养、员工的培训情况，市场的拓展情况等。

2. **物业服务企业向业主进行的工作汇报**

物业服务企业有义务就业主委托的事项的管理情况，向业主进行汇报。如委托事项的完成情况、物业的收支情况、委托物业与以往相比的改进情况、物业服务企业对员工的培训和业务提高情况等。

二、工作下达

物业服务企业的工作下达主要是指物业服务企业的上级向下级下达的工作任务或指令。一般来说，物业服务企业与其他企业的管理方式相同，也是逐级下达工作任务或指令。下级收到上级的工作任务或指令后，如果没有其他问题，按照任务或指令的要求完成相应的工作。

第三节 日常沟通的管理

物业服务企业的沟通分为公司内部沟通和公司外部沟通，公司外部沟通即与客户的沟通。

一、公司内部沟通

物业服务企业应建立充足的沟通渠道，保证企业内部的积极交流和有效沟通。有效沟通有利于灌输企业精神、增进相互理解，而充分的互相理解是做好工作的必要前提。通过沟通，明确了工作目的，消除了认识偏差，提高了企业效率。内部沟通方式有文件、电话、会议、座谈、局域网等。

二、公司外部沟通

对于物业服务企业的工作人员来说，要想实现高质量的服务，必须有良好的沟通能力。只有通过沟通，才能够深入了解业主的需求，弥补服务不足，并加强相互的信任。在日常工作中，工作人员需要学会以下沟通技巧。

1．掌握合适的沟通方式

在日常工作中，物业服务企业的工作人员需要根据不同的情境，选择不同的交流方式。例如，在小区业主工作会议上与业主建立信任关系；在电话和互联网等数字平台上快速回应业主，在弄清业主的主要需求之后，根据需求的不同选择合适的沟通方式和方法。

2．注意听取业主意见

在与业主沟通的过程中，物业服务企业的工作人员需要注重倾听、尊重和理解业主的意见。在听取业主意见的过程中，如果业主表达抱怨或不满，必须冷静地倾听并给予合适的回应，以避免在沟通过程中产生更大的误会。应该根据不同业主的反馈，及时调整工作方案，进而及时有效地解决问题。

3. 积极主动沟通

积极主动地沟通对于解决问题是非常有帮助的。通过沟通，在第一时间了解业主的需求，并且进行及时处理，消除业主的不满。在处理问题时，要注重语言的准确性，客观而又真实地表达自己的态度和解决方案，这样才能够更好地促进彼此之间的信任。

第六章 企业团队建设及人员培训

第一节 团队管理技能

物业服务企业的团队管理技能，就是通过一些方法和手段，对物业服务企业的团队进行管理，以提高团队的工作效率。具体可以通过以下办法实施。

1. 科学确立团队目标

团队目标必须有激励作用，是团队成员利益的集中体现。企业应该将相应的目标责任下达至部门、岗位、个人，并与各岗位责任人签订岗位责任书，做到目标明确、分工明确、责任明确。

2. 建立团队价值观

团队是每个成员的舞台，个人价值的实现离不开团队这一集体，因此，要在团队内部营造感恩和关爱他人的良好团队氛围，注重感情投资以增进员工的归属感和向心力。

3. 培养团队成员间高度的信赖感

要引导成员养成团结合作的健康心理，为员工营造一个能够没有顾忌地表露自我的氛围。企业要对员工多一些信心，给予员工鼓励与肯定。企业信息要充分公开，让每一位员工都能及时了解团队的情况，使员工树立“主人翁”意识。

4. 团队领导的领导力

团队领导是团队成员的行为标杆，必须以身作则，起模范带头作用。团队建设应群策群力，需要所有成员共同参与。因此，团队的领导要运用各种方法，充分调动员工的积极性，共同参与团队建设。要树立“工作学习化，学习工作化”和“团队学习”的理念，提高员工学习的主动性、自觉性，坚持倡导岗位学习、岗位成才。

5. **建立健全有效管理制度和激励机制**

（1）问责制：责任到岗、责任到人。让全体员工明白什么时间、什么地点、做什么事情、怎么做、做到什么程度等，增强员工的团队责任感。

（2）限时办理制：将物业服务的日常工作进行细化，确定办理责任人和办理时限，保证服务品质。

（3）员工激励制度：设置奖励项目，通过激励充分调动员工的工作积极性、创造性、奉献性，同时设置末位淘汰制，对工作表现不好的员工实行岗位调离或淘汰，不断优化团队成员。

第二节 培训体系的建立

一、培训种类

1. **入职培训**

新员工入职后应进行培训，让新员工对公司概况、价值观、经营理念、管理模式、职业道德及公司规章制度等有初步的了解。

2. **岗前培训**

新员工到岗后，主要针对新员工岗位职责、工作规程及岗位技能等进行岗前培训。

3. **强化培训**

强化培训的主要内容为强化公司理念及顾客沟通技巧、物业管理法规等，如物业法规基础知识、投诉处理案例分析、优质的客户服务案例、职业化培训、品质管理等基础知识。

4. **在职培训**

根据员工不同类别，主要针对工作技能、工作技巧、质量意识及工作规程等进行培训。

5. **升职培训**

对即将晋升到更高一级职位的员工进行的升职培训，主要学习相关的管理知识，以便转换角色，担当起管理责任。

二、三级培训体系的建立

物业服务企业培训体系一般为三级培训体系，分别是：一级（公司级）培训体系、二级（各服务中心）培训体系和三级（各班组）培训体系。

一级培训体系有利于充分利用企业的培训资源，有利于统一公司的培训标准和培训要求，有利于降低培训成本，但其针对性相对较差。二级培训体系有利于加强培训的针对性、适应性、及时性，加强项目机构培训的责任感，但不利于培训标准和要求的统一。三级培训体系针对工作内容，实用性更强。

三、三级培训组织架构

三级培训组织构架为培训体系（表 6–1）和纵向模块（表 6–2）所示。

表 6–1　三级培训体系

级别	责任单位	负责人	内容	说明
一级	公司或总部	办公室培训主管	1. 系统统筹 2. 业务指导 3. 归口管理 4. 政策制定 5. 提高型培训 6. 专题型培训 7. 交流型培训 8. 心理素质类培训 9. 新员工入职培训	公司的人力资源部门是培训工作的职能管理部门，全面负责培训工作的统筹管理
二级	各服务中心	主任主管	1. 员工基本素质 2. 岗位技能 3. 政策执行 4. 工作流程	由各部门指定专人对本部门员工进行培训
三级	班组	班组培训负责人	1. 岗位技能 2. 岗位实操 3. 工作流程	由各服务中心班组负责人组织，针对本班组基层员工进行培训

表 6-2　培训纵向模块

级别	培训方向	培训内容
高层管理	决策能力 洞察能力 创造能力 统筹能力 批判能力 个人品德 自我控制力 自我学习力 概念思维 战略眼光 团队领导 发展他人的能力	企业发展战略 组织架构与组织设计 变革和创新 行业发展动态 行业经营管理理论 行业法律法规
中层管理	判断能力 领导能力 协调能力 沟通能力 专业能力 目标设定能力 业绩考核能力 教练与咨询能力 解决团队问题的能力 向高层经营者提供信息的能力	企业发展战略 专业知识更新 组织行为学 人际交流技巧 变革和创新 管理工具知识更新 行业发展动态 行业法律法规 职业道德 企业文化
基层管理	专业能力 计划能力 指导能力 沟通能力 理解能力	物业管理的基础知识 物业管理的法律法规 管理工具的掌握与应用 文字处理能力 企业文化 职业道德 工作态度

续表

级别	培训方向	培训内容
一般员工	操作执行能力 人际关系处理能力	岗位操作技能 职业道德 工作纪律及态度 工作规范 工作流程 服务流程 服务意识及礼仪 企业文化

第三节 培训的组织与实施

一、制订年度培训计划

年度培训计划主要是根据企业经营战略和目标、企业人力资源规划、员工绩效考核结果以及本企业实际情况来制订。

年度培训计划的主要内容包括：目标、对象、类型、课程、师资、内容、场地、时间、具体流程和培训经费等。

二、员工培训的要求

一要严格管理，严格要求，强化奖惩；二要采取灵活多样的培训和考试方式；三要为被培训的员工创造良好的学习环境；四要采取各种措施，培养员工主动参加培训的意识，调动员工参加培训的积极性，增强培训效果。

三、培训师资的管理

物业服务企业要通过多种途径建立一支合格的培训师资队伍，针对物业管理运作出现的新情况、新问题不断开发培训课程，研究新的教学形式和教学方法。在培训的过程中要严格要求、精心准备，充分运用现代化教学手段和方式组织教学培训，切实增强培训效果。

四、培训方法的运用

物业服务企业的培训方法有很多，常用的培训方法有以下几种。

1. 课堂教学法

课堂教学法是物业服务企业培训中常用的培训方法，具有系统性、连贯性特点，多用于知识培训。如物业管理相关法规、专业知识等培训。

2. 现场教学法

现场教学法是一种情景式和直观式教学，多用于能力培训。如将培训学员带至物业管理现场，指定被培训者扮演角色，借助角色的演练来使被培训者理解角色的内涵，从而提高解决问题的能力。

3. 师徒式培训法

师徒式培训是一种传统的培训方式，一般由项目机构选派一名“师傅”在操作技能方面对“徒弟”进行一对一或一对多的指导性培训，主要适用于操作性较强岗位的员工培训。

五、培训效果的评估

评估培训效果的主要目的是研究和分析员工在经过培训后，其行为是否发生了变化，素质是否得到了提高，工作效率是否得到了改善。培训效果的评估主要包含以下内容。

（1）评估被培训者对培训知识的掌握程度。

（2）评估被培训者工作行为的改进程度。

（3）评估企业的经营绩效是否得到了改善。

第四节　物业管理人员的职业礼仪

礼仪是在人际交往中，以适度的、约定俗成的程序和方式来表现律已、敬人的过程。也就是说，一切表示尊重对方的过程和手段，都可以认为是“礼仪”。礼仪不是一种形式，而是从心底产生的对他人的尊敬；当你真心关心他人， 重视他人的自尊与感受，发自内心且表现在外的待人处事的方式就是礼仪。现代礼仪是把无形的服务有形化的重要手段之一，是有形服务过程完美的展示。

一、通用礼仪规范

礼仪包含仪容仪表和行为举止两个方面。仪容仪表体现了职业要求的静态美，行为举止体现了工作要求的动态美，二者相互促进，缺一不可。通用礼仪规范适用于物业服务企业各岗位的全体员工。

（一）仪容仪表规范

1. 形象

（1）整体形象要求：简单、大方、整洁、明快，符合工作需要及场合要求。

（2）精神状态要求：面带微笑，精神饱满，充满活力。

（3）头发要求：洁净、整齐、无头屑、色泽自然，不染与工作身份不符的特殊颜色。

（4）发型：男职员为短发，不烫发，清洁、庄重、梳理齐整；女职员的发型，要求大方、文雅、庄重、梳理齐整。

（5）面容、手、身体：脸、颈及五官干净清爽。男职员：每日剃刮胡须。女职员：上班不得浓妆艳抹，以淡妆为宜。手：随时保持清洁，指甲整齐，不留长指甲，不涂有色指甲油。身体：注意个人卫生，勤洗澡。上班前不吃异味食物，保持口气清新。在工作场所内不吸烟、不饮酒、不吃零食。

2. 着装要求

（1）工装整体要求：工作时间必须着本岗位规定工装；工装应干净、平整，无明显污迹、破损；工作时间以外不得着工装；不得擅自改变工装的穿着形式，私自增减饰物；衣、裤口袋整理平整，不得卷起裤脚、衣袖，领口按规范扣好；裤子要烫直，裤线笔挺；按规定将工牌佩戴在左胸上方居中位置。

（2）男职员着装要求：工作时间必须着本岗位规定工装。西装、衬衣必须平整、整齐，领口、袖口无污迹，西装外侧口袋不放物品。工作时间必须系公司配发的领带，平整端正，领带大箭头以正好盖过皮带扣为宜；如佩戴领带夹，需夹在衬衣自上而下第四个扣子处。穿黑色皮鞋，着黑色、深蓝色或深灰色袜子，皮鞋必须每日擦抹光亮、无灰尘。

（3）女职员着装要求：工作时间必须着本岗位规定工装。套装、衬衣必须平整、整齐，领口、袖口无污迹，西装口袋不放物品。穿黑色或深棕色皮鞋，着深色或肤色袜子，皮鞋必须每日擦抹光亮、无灰尘。穿套装时，须穿无图案肤色丝袜，并保持丝袜完好无破损；穿裙装时，衬衫要束进西裙。

（二）行为举止规范

1. 整体要求

（1）仪态的整体要求：在办公场所内保持正确的坐姿、站姿或走姿，身体不懒散，双手不叉腰。体态保持端正、自然，工作中做到走路轻、动作稳。

（2）坐姿：从椅子的左侧入座，入座时要轻，两膝自然并拢，身体稍向前倾，表示尊重和谦虚。男职员两腿可略为分开，但不要超过肩宽；女职员入座后将裙角收拢，两腿并拢，双脚同时向左或向右放，或一前一后；双手叠放于腿上。如长时间端坐，可将双腿交叉重叠，但要注意上面的腿向回收，脚尖向下。

（3）站姿：男职员站立时，抬头，目视前方，挺胸直腰，双肩摆平，双臂自然下垂，双脚并拢直立，也可以双脚打开与肩同宽。女职员站立时，抬头，目视前方，收腹挺胸，双腿并拢直立，脚尖分开呈“V”字形或丁字形。

（4）走姿：收腹挺胸，目光平视，步伐坚定，手臂前后摆动适中均匀，精神抖擞，忌低头。

（5）蹲姿：一脚在前，一脚在后，两腿向下蹲，前脚着地，小腿基本垂直于地面，后脚脚跟提起，脚尖着地，臀部向下。

（6）手势：手势属肢体语言，是谈话的必要辅助手段，手势的幅度和频率不要过大过多，要特别注意手势的规范和含义。在示意方向或人物时，应掌心斜向上，四指并拢，切不可用手指；在示意他人过来时，应掌心向下，切不可掌心向上。

（7）微笑：真诚亲切、自然大方。与业主、客户见面时，眼睛要正视对方，并保持自然的微笑；同时也要接受对方的目光，微笑应贯穿礼仪行为的整个过程。微笑要合乎标准：笑肌打开，牙齿微露，眼睛有笑意，并保持一段时间。注意微笑的尺度。还要注意掌握交流沟通时的距离和位置。尽量选择侧面位置，避开对方的正面位置，不能在对方的后面微笑和说话。目光：柔和亲切。与人说话时，大部分时间应看着对方；不能左顾右盼，也不能紧盯着对方；道别或握手时，应该注视对方的眼睛。

（8）语言：提倡普通话，声音清晰、悦耳、自然、友善。使用礼貌用语：您好、请、对不起、谢谢、再见。语言文明，讲究礼貌；语速适中，表达清晰；语调平和，不过激伤人。当接受别人的帮助或称赞时，应及时致谢；因自身原因给对方造成不便，应及时道歉。禁止用"喂"招呼客户，应说"您好"。

（9）称呼：可通称男性为"先生"；对女性的称呼，应视年龄称呼"小姐"或"女士"；对老年人的称呼，应视地区习惯（尊重且礼貌的方言）；可称呼儿童为"小朋友"。

2. 待客礼仪

（1）遇见客户。

遇见客户时，应停下手中工作，站立，面带微笑。交谈时，应态度诚恳，耐心倾听，不轻易打断别人的谈话。如与客户在较窄过道中相遇，应侧身向对方通行方向做出"请"的手势，并说"您先请"。如遇急事需超越前方客户时，应放慢速度，在接近对方时，轻声示意"对不起""劳驾"等，然后从对方身旁侧身通过。对客户提出的中肯建议，应向客户致谢。

（2）投诉接待。

面对客户投诉时，保持冷静，积极倾听。态度要亲善，语调要温和，用词要恰当，要在和谐的气氛下将事情圆满解决。执行"首接负责制"。当客户咨询和遇到困难时，要积极帮助客户解决，不可说"不知道"或"不归我们管""这是领导的事"之类的言语。面对客户发脾气时，应耐心忍让，友善劝解和说明，注意语气语调。与客户产生分歧时，不予当面争论，更不应说客户错、自己正确之类的言语。当客户有过激行为时，应巧妙地化解，不得与客户发生正面冲突，尤其避免发生过激行为。

（3）迎送客户。

迎宾：对重要客户应提前做好接待准备，根据来宾身份，指派合适身份的人提前五分钟在约定地点等候。客户到来时应主动迎上，初次见面时应主动做自我介绍，并引领客户至接待处或参观地点。

引路：在为客户引路时，应走在客户左前方一、二步处，让客户走在路中央，并适当地做些介绍。

乘电梯：等候电梯时，应替客户按下“▲”或“▼”键；进电梯时，在电梯外按住“▲”或“▼”键，并以手势请客户先进；进入电梯后，按下相应楼层号；出电梯人多时，在电梯内按住开门键，以手势请客户先出。电梯内不可大声喧哗。电梯内人多时，后进的人应面向电梯门站立。

乘扶梯：应请客户先上梯，靠右站立，以便行人在左侧行走，避免并排站立。

走楼梯：引导客户上楼梯时，让客户走在前，下楼梯时，让客户走在后；多人同行时，应让客户走在中间，以便随时提供服务；上下楼梯时，应端正头部，挺胸，伸直脊背，轻移脚步；经过拐弯或有楼梯台阶的地方应使用手势，提醒客户“这边请”或“注意楼梯”等。

开门：先敲门，开门后把住门把手，站在门旁，对客户说“请进”并施礼，客户进入房间后，轻轻把门关上，请客户入座。

送客：送客时，级别低者应主动为客户开门，待客户和领导走出后，再紧随其后。可在适当的地点与客户握别，级别低的代级别高的送客到合适的地点。

接送客户上下车：上车时按先主宾后随员、先女宾后男宾的顺序，并主动为客户开关车门；到达目的地后，随员先下车后，再请客户下车；客户上下车时，要用手示意客户注意避免碰到车顶或车门。

安排座位：小客车司机后排右侧是主宾座，但若主人亲自驾车，则副驾驶位置为主宾座。另外，若主宾首先上车，则任其所选，不必请客户移位。

3. 鞠躬礼仪

（1）鞠躬礼仪规范要求。

欠身礼：头颈背成一条直线，目视对方，身体稍向前倾。15 度鞠躬礼：头、颈、背成一条直线，双手自然放在裤缝两边（女职员双手交叉放在体前），前倾 15 度，目光落在约体前 1 米处，再慢慢抬起，注视对方。行鞠躬礼的距离：行鞠躬礼一般在距对方 2 ～ 3 米的地方，在与对方目光交流的时候行礼，面带微笑。没有微笑的鞠躬礼是失礼的。

（2）各种场合的鞠躬礼仪。

在公司内遇见贵宾，行15度鞠躬礼。当客户和领导经过你的工作岗位时，问候“您好”并行欠身礼。在电梯门口和电梯内遇见客户，问候“您好”并行欠身礼。

4. 电话礼仪

（1）电话铃响，应在3声之内接起。

（2）必须使用规范应答语，比如：“您好，×× 物业服务企业。”“您好，×× 部门/服务中心/管理处。”电话铃响3声以上时，回答：“对不起，让您久等了，我是 ××。”接电话时，不使用“喂”字。

（3）在通话结束时，应简明地重复要点以核实自己的理解是否正确，确认后再结束通话。

（4）在通话完毕后要礼貌地道别，确认对方挂电话后，才能挂电话，以示礼貌。

（5）拨打办公电话最好在对方上班10分钟后或下班10分钟前，通话内容要简明扼要，表达清楚。

（6）使用普通话。语音清晰，语速要稍慢，音调要亲切柔和。接转电话时，应轻拿轻放。

（7）接听电话时，应让对方感受到自己的精神状态积极而非懒散。

（8）电话机旁备纸、笔，随时记录客户提出的要求和帮助解决的事项。对时间、地点、事由等重要事项要认真记录并及时转达有关部门和责任人。

（9）在接听投诉电话时，更要注意使用礼貌用语，积极帮助客户解决遇到的困难和问题，态度和蔼。

（10）代转电话时，如果对方打错了电话，或不清楚应该找谁时，应礼貌解释，并热情地为对方转接给相关人员。转接来电时，确认双方接通后，方可挂机，如无人接听，应切换回来向来电者说明。

（11）邻座无人时，主动在铃响3声内接听邻座的电话。

（12）通话过程中若需对方等候，等候时长不能超过30秒。

（13）热线电话接听人离开岗位前，必须设定电话转移。

（14）当自己正在听电话，有客户来到面前时，应做到：点头示意，以示与客户打招呼、让客户稍等之意；同时尽快结束通话，以免让客户久等；放下话筒后，要先向客户道歉，说“对不起，让您久等了”；不能因为自己正在听电话而对客户视而不见、毫无表示，不能冷落客户。

（15）通话时应注意控制环境的背景声音，不要大声喧哗、吵闹。

（16）拨错号码要道歉。

5. 社交礼仪

（1）介绍。

介绍他人：首先把年轻者、男性、资历较浅者、未婚女子和儿童介绍给年长者、女性、资历较深者、已婚女子和成年人，把主方介绍给客方；再交换介绍另一方。

自我介绍：面带微笑问好，得到回应后再向对方介绍自己的姓名、身份和单位。当他人为您做介绍时，要面带微笑、点头致意，介绍完毕后，握手并问候，可重复对方的姓名：“您好，×× 先生 / 小姐！”

（2）握手。

握手时强调“五到”，即：身到、笑到、手到、眼到、问候到。握手时应上身微微向前倾斜，面带微笑，同时伸出右手和对方的右手握手，可上下抖动几下，眼睛平视对方的眼睛，同时寒暄问候。握手时，伸手的先后顺序：贵宾先，长者先，主人先，女士先。握手时间一般在 3 ~ 5 秒之间为宜；握手力度必须适中。握手时注意：多人握手时不要交叉握手，不要在握手时与他人交谈，不要摆动幅度过大，不要戴手套，不要用不清洁的手与人握手。

（3）名片礼仪。

递送名片时：用拇指压住名片边缘，正面朝上，文字正对对方，双手递上，高度以自己胸部为宜，并做自我介绍，同时可讲“请多关照”。接收名片时：需起身双手接受，认真阅读，并称呼对方的职务，以示对赠送者的尊敬，并将客户的名片暂放在桌前，切忌马虎瞟一眼，或随意放进衣袋里，也不可来回摆弄和遗落。互换名片时：右手拿自己的名片在下，左手接对方的名片在上，互换后用双手托住对方名片。

6. 会议礼仪

（1）与会者必须提前 5 分钟到达会场，将手机关机或设置静音状态。

（2）会议中应集中注意力，不做与会议无关的事，不随意走动及发出不必要的声响。

（3）主持人或发言者上台讲话时，先向与会者行欠身礼。

（4）会议迟到者须向与会者行欠身礼表示歉意，会议中途离开者须向与会者行欠身礼示意离开。

（5）会议中不可随意打断对方的发言。

（6）主持人或发言者讲完话，应向与会者行欠身礼，与会者应鼓掌回礼。

（7）离开会场时，要将个人用过的纸杯、饮料瓶、纸屑等杂物带离会场。

7. 办公礼仪

（1）每天与同事第一次见面时，问候“你好”，并点头示意。

（2）与经常见面的同事相遇，微笑、点头示意。

（3）到领导或同事办公室时，先敲门，听到回应后再进入。

（4）在公司内遇到领导，微笑并问候“您好”，同时点头示意。

8. 办公场所礼仪

（1）办公场所应保持安静有序的工作环境，不在办公室内大声喧哗。

（2）上班时间不做与工作无关的事情，尽量少打私人电话。

（3）办公用品摆放有序，办公文件、资料按照保密级别及时归档。

（4）使用公司的电脑、复印机、传真机等自动化设备时，要严格按照公司的有关规定执行。

（5）正确使用和认真保管好公司配置的办公用品，爱护公共财产。

（6）应随时保持工作台面的干净整齐，下班后椅子要归位。随时保持工作场所的整洁。

（7）在工作中对待同事应互相关心、帮助和尊重，态度和蔼，学会沟通，不因意见分歧而发生争吵。

（8）应尊重上级领导。工作中有不同意见时，应及时与领导沟通，阐述自己的意见和建议，一旦领导决定后就要坚决执行。工作的完成情况要及时向领导汇报。

（9）要关心、尊重下级。对于下级的成绩或进步，应及时给予肯定或表扬；对于下级的过错，应及时指出，并予以纠正，不可不闻不问任其发展，更不可只追究过错不关心进步。要注意倾听下级的意见和建议，注意团队建设。

二、相关岗位人员行为规范

1. 办公室人员行为规范

（1）仪容仪表：参照通用行为举止规范中的要求。

（2）行为举止：参照通用行为举止规范中的要求。

（3）工作场所：自己的工作台收拾得干净，特别注意卫生死角的清洁。经常检点自己的桌面、文件柜、抽屉等，不因疏忽而遗失文件，给公司带来麻烦与损失。用完资料、备用材料后，要放回原处。离开工位时，要收存好文件，保持工作场所的整洁，椅子要归位。

（4）面对投诉：按通用行为举止规范中“投诉接待”处理，面对客户的投诉，应立即放下手头的工作，第一时间向客户致歉，请客户入座，并聚精会神地聆听投诉内容，以友善目光与投诉者接触，切勿东张西望，敷衍了事，在恰当时做出简单的复述，以示了解问题所在。如果自己无法处理投诉，应尽快转交上级或委托人员跟进，根据投诉的处理进展情况，先给予客户初步的回复，后续定期跟进汇报。

（5）使用订书机：订书机订在纸张的左上方，横拿或竖拿都比较方便，也比较容易存档。

（6）使用电脑：使用电脑完毕后，应将新打开的程序或文档关闭，回到初始状态，在制作重要文件时，要小心处理，以免泄密，文件存档时应注意存放地点，并做好登记工作，磁盘应检查病毒后方可在他人电脑上使用。

（7）使用传真机：要注明收件人全名、传真号及发件人的全名、传真号，注明传真件页码、顺序，传真件发完后须确认。

（8）使用复印机：使用前确认纸张大小、方向，墨色的浓淡（以免浪费纸张），复印后还原复印机，复印件上注明来源（便于查询）。

2. 前台接待人员行为规范

（1）仪容仪表：参照通用仪容仪表规范中的要求。

（2）行为举止：参照通用行为举止规范中的要求。

（3）电话接听：电话铃响，应在 3 声之内接起，先说："您好，××物业。"待来电者报上转接号码后说："请稍候。"并立即转接。如转接电话占线，则说："您好，先生 / 小姐，电话占线，请稍后打来。"转接电话无人接听时应说："您好，总机，电话无人接听，请您稍后再拨。"如对方要求转接其他人，先请其稍后再转接相关人员。

（4）访客接待：当有客户来访时，应面带微笑地起身，热情、主动地问候："您好，有什么可以帮到您吗？"与客户沟通时，需起身站立，身体略微前倾、眼望对方，面带微笑，耐心地倾听客户的来意，根据客户的需求予以安排。对客户的咨询，应细心倾听后再做解答，解答问题要耐心；不能准确解答的应表示歉意："对不起，请您稍等，我先了解一下再告诉您，好吗？"

（5）访客指引：有来访客户时，要先询问被访对象，然后微笑有礼貌地询问来访者姓名："请问您贵姓？"或"请问怎么称呼您？是否已与 × 先生 / 小姐联系好？" 再告之："请稍候，我马上帮您联系。"在与被访者联系前，做好登记。当得到被访者的确认同意后，对来访客户说："× 先生 / 小姐马上来见您，请您在前台接待厅稍等片刻。"或"让您久等了，请从这里坐电梯上 × 楼。" 并以手势示意方向。 如果被访者不在，应向来访者表示歉意："对不起，× 先生 / 小姐不在公司，请您稍后与他联系。"如果被访者要求在此等候时，应热情接待客户并安排休息等候，并提供茶水服务。

（6）送客服务：当有访客离去时，应主动起立微笑示意，并说："请慢走。"

（7）文件及资料的收发与传递：当接到客户发送传真资料时，须有礼貌地向顾客发送地址、传真号码、收件人、联系电话，并与收件方打电话予以确认，同时做好相关登记工作。代客户收发的任何文件、资料、信件、传真件，在未经得客户本人同意的情况下，不能给第三人传阅。收到需要转交代送的文件、资料、物品等，应尽快转交给物品接收人，并做好登记。

三、服务人员行为规范

1. 客户服务中心服务人员行为规范

（1）仪容仪表：参照通用仪容仪表规范中的要求。

（2）行为举止：参照通用行为举止规范中的要求。

（3）接待来访：客户来访时，应面带微笑起身，热情、主动问候："您好，有什么可以帮到您吗？"与客户沟通时，需起身站立、身体略微前倾、眼望对方，面带微笑，耐心倾听，并点头致意表示认真倾听。应对所有客户一视同仁，友好亲切。办事讲究方法，做到条理清晰，不急不躁。与客户道别时主动说："× 先生 / 小姐，再见！""欢迎您再来。"

（4）接受电话咨询：严格遵守接听电话的礼仪。对客户服务口径专业、一致，避免不同工作人员对同一问题给客户的解释出现偏差。

（5）接受投诉：接受客户投诉时，应站在客户的角度思考问题，急客户之所急，想客户之所想，尽量考虑周到。与客户约定好的服务事项，应按时赴约，言行一致。不轻易对客户许诺，一旦许诺就必须守信，按约定期限解决，不能解决的，应立即向上级或相关部门反映，并及时跟踪和向客户反馈问题进展的程度，直到问题解决。处理问题时，如客户觉得不满意，要及时道歉，请求对方谅解，可说："请您原谅。""请您多包涵。""请您别介意。"同时要配合适当的补偿行为。对客户的表扬要婉言感谢。

（6）熟悉业务操作规程，办事迅速，工作认真细致，不忽视任何影响服务质量的细小环节。

（7）请客户交费，将开具的发票收据和零钱以双手奉上，并说："这是您的发票和零钱，请收好。"同时微笑注视客户，等客户确认无误后，向客户表示感谢。

（8）收取拖欠物业管理服务费。先电话预约客户，请其按约定的时间来交费，并在电话中清楚地告知拖欠费用的款项和数额。如有特殊情况要上门收费时，要尊重客户的生活习惯和个人喜好，因工作造成的打扰应诚恳道歉，同时不能对客户家里有任何评价。客户交费时，要及时出具相关费用明细表，如客户有疑问，要做好相关的解释工作，对客户的意见应诚挚道歉并虚心接受。客户交费后，将开具的发票和找零用双手奉上给客户，同时微笑注视客户，等客户确认无误后，向客户表示感谢。

2. 维修人员行为规范

（1）仪容仪表：参照通用仪容仪表规范中的要求。

（2）行为举止：参照通用行为举止规范中的要求。

（3）工作时间内穿本岗位规定制服，佩戴规定饰物，不可擅自改变制服的穿着形式，私自增减饰物等；保持制服干净、平整，无汗味，无明显油污、破损、褶皱。正确佩戴工牌。对讲机统一佩戴在身体右侧腰带上，对讲时统一用左手持对讲机。工具包统一挎在右肩处，并保持整洁。

（4）敲门。进入客户家中前，先穿好鞋套，按门铃或敲门 3 声（敲门声音应适中），若没有应答，应等候 10 秒左右进行第二次按门铃或敲门。

（5）问候。客户开门后，应态度热情，面带微笑说："× 先生 / 小姐，您好！"同时行欠身礼，"我是管理处的维修员，请问是您预约了维修吗？"

（6）进入客户家中，得到客户确认后，主动说："请问现在可以开始吗？"得到客户的许可后，说"谢谢"，并进入客户家中。

（7）开始服务。进入客户家中后，主动询问："请问您需要我做些什么？"或重复已知的服务事项。在客户交代完工作内容后，重复一遍服务内容，客户认为无误后说："谢谢，我会尽快做完。"准备相关防脏措施，开始服务。

（8）服务完毕。先收拾好服务工具，清理现场。然后对客户说："× 先生 / 小姐，您好！您安排的工作我已经完成，麻烦您检查。"同时介绍使用时应注意的事项。客户确认后若满意，应说："谢谢，麻烦您确认。"并请客户签单。若客户有异议，服务人员应尽量满足客户意见，并主动道歉："对不起，我马上处理好。"

客户签完单后，主动说："谢谢，请问还有其他事情需要帮忙吗？"客户应答"没有"后，主动说"再见"，拿起工具出门，关门时应面向客户主动讲："打扰您了，再见！"并点头致意。替客户关好门后（注意关门声响），脱下鞋套。

四、物业安全管理人员行为规范

1. 门岗（大堂岗）行为规范

（1）仪容仪表：参照通用仪容仪表规范中的要求。

（2）行为举止：参照通用行为举止规范中的要求。

（3）问询登记：主动向来访人员打招呼问好，面带微笑。与客户沟通时保持一米左右的距离，不直接拒绝客户，不说“不知道”等模糊的话。陌生客户来访时，有礼貌地询问客户来意后进行登记，登记时应态度诚恳，使用礼貌语言，并用正确手势向客户指引方向。当客户有不礼貌的言行时，不与之理论和还击，婉转解释。

（4）物资放行接待。主动要客户填写“物资放行条”，认真核对物资无误后，对客户表示感谢。客户离开时，要有礼貌地告别。

（5）接待客户投诉。当值时接到顾客投诉，在处理时应热情大方，举止得体、文明礼貌，认真听取顾客投诉的内容，必要时进行记录。在自己能正确解决或回答的情况下，自行解决或予以回答。并将处理情况反映给部门领导或客户服务人员。若自己不能解决顾客投诉，要及时反馈给相关人员进行处理。

（6）特殊情况处理。如遇到特殊情况的投诉（如：业主没有预约且非常不理性的投诉到访；被辞退或被批评的员工没有预约且非常不理性的投诉到访；未经预约的媒体采访；政府工作人员的突然到访检查等），应报告上级领导和客户服务人员，并积极维持现场秩序。对待到访人员应礼貌、得体，不得表现反感和敌对情绪，不对到访人员的言行进行讨论和指点，以免引起到访人员的误会，激化矛盾。同时在接待过程中，对外围的情况应保持警惕，特别关注是否存在媒体现场采访、摄影摄像等活动，一经发现，及时通知上级领导或授权人员，由其负责处理。

2. 巡逻岗行为规范

（1）仪容仪表：参照通用仪容仪表规范中的要求。

（2）行为举止：参照通用行为举止规范中的要求。

（3）巡逻：行走时应昂首挺胸，保持中速，正视前方，头可微摆，主要以眼睛余光巡视四周。手臂要摆直线，肘关节略屈，向前摆动时不要向上甩动，向后摆动时，手臂外开不超过 30 度，随步伐自由、协调摆动，前后摆动的幅度为 30 ~ 40 厘米。手不能插入口袋。

（4）路遇客户：巡逻时遇到客户，要面带微笑，点头致意。在小区或大厦内见到需要帮助者，应主动上前询问并帮忙。

（5）遇见可疑人物，通知中心进行监视。进行跟进时，严密注意对方行为。上前询问前，要先通告同伴，再近距离接触。有礼貌地询问对方："您好，是否有什么可以帮到您？"如确定对方是外来无关人员，要委婉地告诉对方，这是私人住宅小区或办公场所，谢绝参观。

（6）保持小区卫生。巡逻时主动拾捡途中见到的垃圾，做到人过地净。

3. 车辆管理岗行为规范

（1）仪容仪表：参照通用行为仪容仪表规范中的要求。

（2）行为举止：参照通用行为举止规范中的要求。

（3）交通引导：用正确的手势引导车辆进出，与车主沟通时应使用礼貌用语。

（4）交通手势：车辆交通指挥手势分为直行手势、直行辅助手势、左转弯手势、右转弯手势、停车手势、慢行手势与前车避让后车手势等。

①直行手势：身体保持立正姿势，以左手平行伸出与身体呈 90 度，掌心向前，五指并拢，并且目随臂走。

②直行辅助手势：在直行手势前提下，由目随右臂伸出与身体成 90 度，然后手臂由右至左摆动，小臂与身体平行，小臂与大臂成 90 度，距胸前约 20 厘米。

③左（右）转弯手势：以身体保持立正姿势下，左（右）手臂朝前方伸出，手臂与身体约 120 度，手呈立掌，掌心向前，五指并拢；另一只手向前伸出，手臂与身体成 45 度距右小腹部约 30 厘米，该手掌进行左右摆动。

④停车手势：身体保持立正姿势，左手臂向前方伸出，手呈立掌，掌心朝前，手臂与身体约 120 度。

⑤请靠边手势：身体保持立正姿势，左手臂向前方伸出，掌心朝下，右手臂与身体约 60 度，目光随右手臂上下摆动。

⑥前车避让后车手势：身体保持立正姿势，左手臂向前伸出与身体呈 90 度，掌心朝左同时向左摆动、随即右手向前伸出与身体呈 90 度，掌心向上，小手臂后折与大手臂呈 90 度，掌心朝后同时向后摆动。

五、绿化、保洁人员行为规范

（1）仪容仪表：参照通用仪容仪表规范中的要求。

（2）行为举止：参照通用行为举止规范中的要求。

（3）工具：保洁、绿化工具应放置在规定位置，并摆放整齐。

（4）在楼道内等区域进行清洁服务时，应放置或悬挂“此区域正在清洁”的标识，以知会相关人员。

（5）遇到客户。在保洁过程中，如遇客户迎面而来，应暂时停止清洁，主动让路，并向客户点头问好；如果遇到客户询问问题，要立刻停止工作，耐心仔细地回答客户的提问。不大声说话、聊天。

（6）浇灌水。浇灌水时，摆放相关标识，以提醒客户。路上不能有积水，以免影响客户行走，也不利于节约用水。有客户路过，及时停止工作让路，并可点头致意或问好。

（7）施肥、除虫害。洒药时要摆放消杀标识。不使用有强烈气味的肥料或药水。有客户经过时，要停止工作。药水不能遗留在马路或者叶片上，如有遗留，须及时清扫干净。喷洒药水时，须佩戴口罩。如药水有气味，须向业主做好相关解释工作。不在天气炎热的时候喷洒药水。

（8）修剪和除草。定期检查设备能否正常使用，避免有漏油等情况发生。及时清除绿化垃圾，不能摆放在路边影响景观和客户行走。节假日及中午休息时间不能进行操作，以免影响客户休息。有客户经过，要停止工作。

第五节 人员的考核及奖惩

一、建立人员的考核及奖惩制度的重要性

考核和奖惩制度是企业管理的一项重要工具，它对于保持企业秩序、激励员工、发展企业、提升绩效具有巨大作用。

一是能起到约束作用。奖惩制度能够有效地约束员工遵守职业道德，严格执行企业制度，正确履行职责。如果员工违反了企业规定，就可以依照奖惩制度受到相应的处理，以此保证企业的管理制度的有效性和执行力。

二是能起到激励作用。企业通过奖惩制度，可以把对表现优异者的激励

和表现不佳者的惩罚有机结合起来，使员工能够更好地发挥出自身的潜力，为企业创造更多价值。

三是能起到推动企业发展作用。奖惩制度可以帮助企业提升员工的素质和技能水平，提高企业的绩效。通过对表现优异者的激励和表现不佳者的惩罚，使企业能够得到更多的优秀人才，从而推动企业的发展。

二、物业服务企业人员的考核及奖惩

1. 试用期考核

物业服务企业一般对新员工都实行试用期，按照《中华人民共和国劳动法》的规定，试用期一般为 1 ~ 6 个月。试用期间，员工没有无故旷工、迟到、早退、服务态度恶劣、技术水平不能满足岗位工作的要求等不符合岗位要求的情况，公司一般应继续留用，并与员工签订正式聘用合同。

2. 考核机制

物业服务企业应该根据企业的情况，建立绩效考核机制。公司应该按照奖勤罚懒、多劳多得、效率优先的原则，将员工的收入与其为公司的贡献及为公司创造的效益挂钩。公司一般可以实施按月考核按年汇总的方式。对于考核成绩突出或者优秀的员工，应该给予经济上的奖励和升职时优先考虑；对于考核结果不佳，不能胜任或不适合目前的岗位的员工，企业或项目经理将给予员工调动、降职或辞退。

3. 员工考核措施及标准

各个物业服务企业对不同岗位的员工考核的措施有所不同，但是一般都是以计分的方式对员工的工作质量、服务态度、劳动纪律、创造效益情况进行考核。有的企业设置全勤奖，有的企业设置浮动工资，有的企业设置扣罚等措施。

4. 考核内容及扣分标准

（1）仪容仪表。

物业服务企业应该制定员工仪容仪表规定，如着装、是否佩戴工作牌、发型等，对于违反仪容仪表规定的员工，按照规定扣分。

（2）劳动纪律。

物业服务企业应该制定公司的劳动纪律。对迟到、早退、无故旷工、不请假外出、打架、诽谤或侮辱他人、在岗位或禁烟区吸烟或吃东西、上岗期间饮酒、擅离工作岗位、上岗时睡觉、偷拿公司或他人物品、不服从上级领导指挥及任务分配、拉帮结派、制造事端等情形给予扣分，情节严重者予以警告甚至开除。

（3）劳动态度。

物业服务企业对于员工的劳动态度，也应该制定相应的规定。对未认真履行岗位职责、不遵守操作规程造成影响及损失、因工作失误使业主投诉、对业主的投诉不能有效处置、发现违章情况不及时处理汇报、工作中造成业主或其他人员不满或者态度恶劣、蛮横粗暴等现象，应该给扣分及处罚，对于影响恶劣并造成经济损失的，应该给予警告或者开除。

（4）工作质量。

物业服务企业对于员工的工作质量，也应该建立相应的质量标准并进行考核。对于不同的岗位，应该建立不同的质量标准。比如保洁，既要有室外保洁的质量标准，又要有室内保洁的质量标准，并建立相应的检查制度，对于不达标的情形，应当予以扣分。

第七章　物业服务合同的管理

第一节　物业服务合同

一、物业服务合同的定义

《中华人民共和国民法典》第四百六十四条规定：合同是民事主体之间设立、变更、终止民事法律关系的协议。

物业服务合同是指房地产开发企业或业主委员会委托其选聘的物业服务企业对物业管理区域进行综合管理与服务而签订的，明确双方权利义务关系的协议。物业管理合同为双务合同、有偿合同和要式合同。

二、物业服务合同的种类

依据《物业管理条例》及其他法规的规定，物业服务合同主要包括前期物业服务合同和业主委员会与物业服务企业签订的物业服务合同。

1. 前期物业服务合同

《物业管理条例》第二十一条规定："在业主、业主大会选聘物业服务企业之前，建设单位选聘物业服务企业的，应当签订书面的前期物业服务合同。"房屋出售前物业的产权属房地产开发企业所有。因此，合同的一方主体是房地产开发企业，另一方主体是其选聘的物业服务企业。

前期物业服务合同期限可以由当事人约定。但是，期限未满、业主委员会与物业服务企业签订的物业服务合同已经生效的，前期物业服务合同终止。

2. 物业服务合同

当业主入住达到一定比例时，就应按规定及时成立业主委员会。业主委员会成立，物业管理进入正常的日常运作阶段，即由业主委员会代表全体业主实施业主自治管理。业主委员会成立后，对原物业服务企业实施的前期物业管理进行全面、认真、详细的评议，听取广大业主的意见，做出续聘或另行选聘其他物业服务企业的决定，并与选聘的物业服务企业（原有的或另行选聘的）订立物业服务合同。

合同的一方当事人是业主委员会（代表所有业主），另一方当事人是经业主大会选聘的物业服务企业。合同的期限由双方协商约定，以年为单位，一般为 3 年。合同签订后，前期物业服务合同终止。

在物业服务合同规定的物业管理期限届满前，业主委员会应根据广大业主的意见和物业服务企业的业绩，决定是续聘还是另行选聘其他的物业服务企业，并与之订立新的物业服务合同。

三、物业服务合同的特征

物业服务合同中的服务是有偿的，物业服务企业处理委托事务，如房屋维修、设施设备养护、治安保卫、消防安全、清洁卫生、园林绿化等所支出的必要费用，应该由业主与受益人承担。

物业服务合同的订立是以当事人相互信任为前提的，任何一方不得通过利诱、诈骗、蒙骗等手段签订合同，若出现此类情况，一经查实，可以依法起诉，甚至解除合同关系。

物业服务合同的内容必须是合法的，应该体现当事人双方权利义务的相互平等，并不得与现行的物业管理法律、法规和政策相悖；否则，合同将不受法律保护。

物业服务合同当事人的权利与义务是对等的。物业服务合同双方当事人既有权利，也有义务，不能只享受权利而不履行自己的义务。

物业服务合同应当采用书面形式。此外，物业服务人公开作出的、对业主有利的各项服务承诺，也应被视为物业服务合同的重要组成部分。

第二节 物业服务合同的内容

物业服务合同应当采用书面形式，对物业管理事项、服务质量、服务费用、双方的权利义务、专项维修资金的管理与使用、物业管理用房、合同期限、违约责任等内容进行约定。

结合各省市市场监督管理局发布的物业服务合同示范文本，物业服务合同一般由首部、正文和尾部三部分组成。

一、合同首部

合同首部包括：合同名称，合同编号，订约日期，订约地点，订约当事人的名称、住所，订约理由等组成。

合同首部并不是物业服务合同的实施内容，但订约日期、订约地点、当事人住所地等项目对物业管理纠纷的解决有着重要的现实意义，可以作为人民法院或仲裁机构处理有关物业服务合同争议的主要依据。其中当事人的住所地，更是确定诉讼管辖的主要依据之一。

二、合同正文

物业服务合同的正文记载了双方当事人缔结物业服务合同的意图，包含了物业的基本情况、委托管理事项、双方当事人的权利义务、合同期限、服务费、服务质量、违约责任及解决争议的方法等主要合同条款，是物业服务合同的实质所在。物业服务合同主要包括以下内容。

1. 物业基本情况

包括：物业类型（居住物业、商业物业、工业物业等）；坐落位置；四至（东南西北的界限）；占地面积；建筑面积。此外，还可以以附件形式附录委托管理的物业构成细目。

2. 委托管理事项

主要阐述管理项目性质、管理项目由哪几部分组成。例如，居住物业与收益性物业管理方式就有区别，对于居住物业既有旧住宅小区，又有新建住宅小区，这两者的管理方式、管理内容又有区别。对于新建住宅小区，既有多层的，也有高层的；既有配套设施齐全的，也有配套设施不齐全的。小区间存在着管理内容、管理收费的区别。另外，有一些物业融居住与收益性于一体，其管理方式、管理内容与一般物业有所不同。因此，应在物业管理委托合同中，详细阐述管理项目的性质、管理项目的组成以及业主对管理项目的管理和经营要求。

业主和非业主使用人房屋自用部位、自用设施及设备的维修、养护，在当事人提出委托时，乙方应接受委托并合理收费；对业主和非业主使用人违反管理规约的行为，针对具体行为并根据情节轻重，采取批评、规劝、警告、制止等措施；其他委托事项，以空白形式出现，由双方当事人约定。

3. 委托管理期限（合同期限）

在物业管理委托合同中，有关合同期限要注意以下两个问题。

一是明确物业服务企业介入物业管理的具体时间。例如，是在物业建设立项报批、可行性研究阶段介入；还是在物业建设达到某个部位介入；抑或在物业已竣工，但住户还没有入住时介入。

二是明确物业管理合同的终止时间。另外，在物业管理合同终止时，何时交接物业及物业的有关资料也应明确。

4. 双方权利义务

（1）甲方权利义务（适用于业主委员会）：代表和维护业主、非业主使用人的合法权益；制定管理规约并监督业主和非业主使用人遵守公约；审定乙方拟定的物业管理制度；检查监督乙方管理工作的实施及制度的执行情况；审定乙方提出的物业管理服务年度计划、财务预算及决算；提供经营性商业用房、管理用房；负责收集、整理物业管理所需的全部图纸、档案、资料，并向乙方移交；当业主和非业主使用人不按规定缴纳物业服务费时，负责催交或以其他方式偿付；协调、处理遗留问题；协助乙方做好物业管理工作和宣传教育、文化活动；其他权利义务。

（2）甲方权利义务（适用于房地产开发企业）：在业主委员会成立之前，负责制定业主临时管理规约并将其作为房屋租售合同的附件，要求业主和非业主使用人遵守；审定乙方拟定的物业管理制度；检查监督乙方管理工作的实施及制度的执行情况；审定乙方提出的物业管理服务年度计划、财务预算及决算；委托乙方管理的房屋、设施设备应符合国家验收标准；向乙方提供经营性商业用房、管理用房（产权属甲方）；负责收集、整理物业管理所需全部图纸、档案、资料，并向乙方移交；当业主和非业主使用人不按规定缴纳物业服务费时，负责催交或以其他方式偿付；协调、处理遗留问题；协助乙方做好物业管理工作和宣传教育、文化活动；其他权利义务。

（3）乙方权利义务：根据有关法律法规及本合同的约定，制定物业管理制度；对业主和非业主使用人违反法规、规章的行为，提请有关部门处理；按本合同约定，对业主和非业主使用人违反管理规约的行为进行处理；可选聘专营公司承担本物业的专项管理业务，但不得将本物业的管理责任转让给第三方；负责编制房屋、附属建筑物、构筑物、设施设备、绿化等的年度维修养护计划和大、中修方案，经双方议定后由乙方组织实施；向业主和非业主使用人告知物业使用的有关规定，当业主和非业主使用人装修物业时，告知有关限制条件，订立书面约定，并负责监督；负责编制物业管理年度管理计划、资金使用计划及决算报告；向全体业主和非业主使用人公布物业服务费收支账目；不得擅自占用和改变本物业公用设施的使用功能，如需在本物业内改建、扩建或完善配套项目，须与甲方协商，经甲方同意后报有关部门批准方可实施；合同终止时，乙方必须向甲方移交全部经营性商业用房、管理用房及物业管理的全部档案资料；其他权利义务。

5. 物业服务质量

乙方须按下列约定范围实现目标管理：房屋外观；设备运行；房屋及设施、设备的维修、养护；公共环境；绿化；交通秩序；保安；急修或小修；业主和非业主使用人对乙方的满意率。具体的物业服务质量要求可以以附件的形式附在合同之后。

6. 物业服务费

在物业管理委托合同中约定物业服务费收取的标准、收取的方式、特约服务费的收取及逾期缴纳物业服务费的责任。

房屋的共用部位、共用设施设备、公共场地的维修和养护费用收取的标准和方式。

7. 违约责任

（1）因甲方违反合同的约定，致使乙方未完成规定的管理目标，乙方有权要求甲方在一定期限内解决；逾期未解决的，乙方有权终止合同；造成乙方经济损失的，甲方应给予乙方经济赔偿。

（2）因乙方违反合同的约定，致使乙方未能达到约定的管理目标，甲方有权要求乙方限期整改，逾期未整改的，甲方有权终止合同，造成甲方经济损失的，乙方应给予甲方经济赔偿。乙方擅自提高收费标准的，甲方有权要求乙方清退；造成甲方经济损失的，乙方应给予甲方经济赔偿。

（3）甲、乙任意一方无正当理由提前终止合同的，应向对方支付违约金；给对方造成的经济损失超过违约金的，还应给予赔偿。

8. 争议的解决

由于合同主体的责任，致使合同履行困难，或因一方责任给另一方造成损失，或合同无法履行，对于上述情况，在合同中应明确解决办法。

对于合同双方因合同发生争议，要调解、仲裁、起诉的，可按合同条款的约定，采用以下一种或几种方式解决。

（1）向合同条款约定的单位或人员要求调解。

（2）向有管辖权的经济合同仲裁机关申请仲裁。

（3）向人民法院提起诉讼。

9. 其他条款

补充协议、合同附件、不可抗力、续订合同条件、合同生效条件等。

三、合同尾部

载明合同尾部的目的在于与合同首部前后呼应，以保持合同的完整。一般来讲，合同尾部的内容包括：订约日期、合同生效的日期、合同的份数。

第三节 前期物业管理合同和物业管理合同的区别以及范例

一、前期物业管理合同和物业管理合同的区别

表 7-1 前期物业管理合同与物业管理合同的区别

区别	前期物业管理合同	物业管理合同
合同主体不同	房地产开发企业和物业服务企业	业主或业主委员会与物业服务企业
合同的内容由不同主体决定	由房地产开发企业决定	由业主或业主委员会与物业服务企业共同商定
合同的期限不同	在物业管理合同生效时，自动失效	由业主或业主委员会规定
物业费用承担的主体不同	在业主入住之前由房地产开发企业承担，业主入住以后由业主承担	由业主承担
业主的选择权不同	业主对前期物业管理的物业服务企业无选择权	业主对物业服务企业有选择权
合同的管理方式不同	由房地产开发企业与物业服务企业共同管理，并必须到当地房产管理部门备案	由物业服务企业和业主或代表业主的业主委员会共同管理

二、前期物业管理合同和物业管理合同示例

1. 前期物业服务合同范本

北京市前期物业服务合同范本（BF-2021-2712）
甲方（建设单位）：______________________________ 统一社会信用代码：______________________________

房地产开发企业资质证书号：________________

法定代表人：________________ 联系电话：________________

委托代理人：________________ 联系电话：________________

通讯地址：________________________________

邮政编码：________________________________

乙方（物业服务人）：________________________________

统一社会信用代码：________________________________

法定代表人：________________ 联系电话：________________

委托代理人：________________ 联系电话：________________

通讯地址：________________________________

邮政编码：________________________________

甲方以［公开招标方式］［邀请招标方式］［协议方式］选聘乙方提供前期物业服务，根据《中华人民共和国民法典》《物业管理条例》及《北京市物业管理条例》等有关法律、法规的规定，在自愿、平等、公平、诚实信用的基础上，订立本合同。

第一部分 物业项目基本情况

第一条 本物业项目（以下简称“本物业”）基本情况如下：

名称：［地名核准名称］［暂定名］________________。

类型：［普通住宅］［办公］［商业］［其他］________________。

坐落位置：北京市________________区________________路（街）。

规划建筑面积：__________平方米。

第二条 物业管理区域四至：

东至：__________南至：__________西至：__________北至：__________

规划平面图和物业管理区域内的物业构成明细见附件。

第三条 物业服务用房主要用于物业服务人客服接待、项目档案资料保存、工具物料存放、人员值班备勤、业主大会及业主委员会办公用房等。

物业服务用房建筑面积为平方米，其中地上建筑面积为______平方米，位于______［号楼］______［幢］______［座］______层______单元______号；地下建筑面积为______平方米，位于______［号楼］______［幢］______［座］______层______单元______号；其中业主大会及业主委员会办公用房建筑面积为______

平方米，位于＿＿［号楼］＿＿［幢］＿＿［座］＿＿层＿＿单元＿＿号。

（注：物业服务用房为多处时，双方可自行增加以上内容。）

第二部分 物业服务事项

第四条 甲方出售房屋交付之日当月前的服务范围一般包括：

1. 对已接收的物业进行维护。

2. 做好公共区域的清洁工作（施工垃圾的清理、施工场地和料场的清洁由甲方负责）。

3. 协助甲方做好出售房屋交付入住时的交房、接待以及与物业服务相关的咨询等工作。

第五条 业主入住后，乙方应当提供的物业服务包括以下内容：

1. 制订物业服务工作计划，根据法律、法规和本小区临时管理规约的授权制订物业服务的有关制度；并按照有关制度和计划组织实施；管理相关的工程图纸、档案与竣工验收资料等。

2. 负责本物业管理区域内物业共用部位的日常维修、养护和管理。

3. 负责本物业管理区域内物业共用设施设备的日常维修养护、运行和管理。

4. 负责共有绿地、景观的养护和管理。

5. 负责清洁卫生服务，包括本物业管理区域内物业共用部位、公共区域的卫生清洁和生活垃圾、建筑垃圾、大件垃圾的收集和管理。

6. 负责协助维护公共秩序，协助做好安全防范工作。

7. 负责保管甲方移交的全部资料。负责按照《北京市物业管理条例》要求建立、保管相关档案并保存好相关资料。

8. 配合物业管理区域内非业主共有公共服务设施的产权单位做好相关设施的供水、供电等工作，并与产权单位约定设施运行、维修养护、更新改造等责任和物业服务事项。

9. 其他服务事项。

第六条 乙方指定物业服务项目负责人为：＿＿＿＿＿＿＿＿，联系电话：＿＿＿＿＿＿＿＿。乙方更换项目负责人的，应当提前7日在本物业管理区域内的显著位置公示。

第三部分 物业服务标准

第七条 乙方按以下第 ______ 种方式提供前期物业服务：

1. 北京市现行住宅物业服务标准中的 ______________ 级物业服务标准。

2. 选择北京市现行住宅物业服务标准中不同等级的具体物业服务事项和标准。

甲、乙双方约定的北京市现行住宅物业服务标准范围以外的具体服务事项和标准。

第四部分 物业服务期限

第八条 前期物业服务期限为 ____（最长不超过两年）年，自本项目首套房屋交付之日起算。

第五部分 物业服务费用

第九条 本合同生效之日至出售房屋交付之日的当月发生的物业费用由甲方承担。

本物业区域物业服务收费为[包干制][酬金制]方式。

第十条 包干制

1. 物业服务费用由业主按其拥有物业的建筑面积交纳，具体标准如下：

[多层住宅]：__________ 元/平方米·月；

[高层住宅]：__________ 元/平方米·月；

[别墅]：__________ 元/平方米·月；

[办公楼]：__________ 元/平方米·月；

[商业物业]：__________ 元/平方米·月；

[会所]：__________ 元/平方米·月；

__________ 物业：__________ 元/平方米·月。

2. 物业服务费的盈余或者亏损均由乙方享有或者承担；乙方不得以亏损为由要求增加费用、降低服务标准或减少服务内容。

3. 乙方应当按规定向业主公布物业服务项目收支情况。

4. 经协商一致，业主应当自房屋交付之日下月起，按照[年][季][月]交纳物业服务费。

第十一条　酬金制

1. 物业服务费由业主按其拥有物业的建筑面积预先交纳，具体标准如下：

[多层住宅]：______________ 元 / 平方米 · 月；

[高层住宅]：______________ 元 / 平方米 · 月；

[别墅]：______________ 元 / 平方米 · 月；

[办公楼]：______________ 元 / 平方米 · 月；

[商业物业]：______________ 元 / 平方米 · 月；

[会所]：______________ 元 / 平方米 · 月；

______________ 物业：______________ 元 / 平方米 · 月。

2. 物业服务费为所交纳的业主所有，由乙方代管，其构成包括物业服务支出和物业服务企业的酬金。

物业服务支出包括以下部分：

（1）管理服务人员的工资、社会保险和按规定提取的福利费等。

（2）物业共用部位、共用设施设备的日常运行、维护费用。

（3）物业管理区域内清洁卫生费用。

（4）物业管理区域内绿化养护费用。

（5）物业管理区域内秩序维护费用。

（6）乙方办公费用。

（7）乙方企业固定资产折旧。

（8）物业共用部位、共用设施设备及公众责任保险费用。

（9）乙方履行本物业服务合同项下所有义务需要的其他费用。

3. 乙方采取以下第 __________ 种方式提取酬金：

（1）[每季][每半年][每年]，计 ______________ 元的标准从预收的物业服务费中提取。

（2）[每季][每半年][每年]，从预收的物业服务费中按 ________% 的比例提取。

4. 物业服务支出应当全部用于本合同约定的支出，年度结算后结余部分，转入下一年度继续使用，年度结算后不足部分，由全体业主承担，另行交纳。

5. 乙方应当向全体业主公布物业服务年度计划和支出年度预决算，并按 [季][半年] 向全体业主公布物业服务费的使用情况。

6. 经协商一致，业主应当自房屋交付之日起，按照［年］［季］［月］交纳物业服务费。

第十二条 甲方委托乙方提供机动车停车服务的，甲、乙双方另行签订停车管理委托协议进行约定，乙方应当与车位使用人签订书面的停车服务协议，明确双方在车位使用及停车服务等方面的权利义务。

停车服务费按 ____________ 车位：____________ 元 / 平方米 · 月的标准收取。

第十三条 房屋装饰装修前，业主与乙方签订书面装饰装修服务协议，乙方应当告知业主相关的禁止行为和注意事项，并将装饰装修的时间、地点等情况在业主所在楼内公示。

业主完成装修后，应当通知乙方进行装修检查。

第十四条 乙方对甲方、业主物业专有部分提供维修养护或其他服务的，应当与甲方、业主签订服务协议，服务事项、标准及费用由双方在协议中约定。

第十五条 乙方接受供水、供电、供气、供热、通讯、有线电视等专业运营单位委托代收使用费用的，不得向业主收取手续费等额外费用，不得限制或变相限制业主或物业使用人购买或使用。

第十六条 在前期物业服务期间，业主转让或出租其物业专有部分时，应当将本合同、临时管理规约以及有关费用交纳情况等事项告知受让人或承租人，并自买卖合同或租赁合同签订之日起15日内，将买卖或出租情况告知乙方。业主转让物业前，应当与乙方结清相关费用。

第六部分 权利与义务

第十七条 甲方的权利义务

1. 根据有关法律、法规的要求，与乙方完成物业管理区域的承接查验工作，签订承接查验协议，并向业主公开查验的结果；对于承接查验发现的问题，甲方应当在30日内予以整改或委托乙方整改。

2. 审定乙方制定的物业服务方案，并监督实施。

3. 根据有关法律、法规及本合同的约定，向乙方提供物业服务用房。

4. 根据有关法律、法规及本市的规定，向乙方移交下列资料：

（1）物业管理区域划分相关文件；（2）竣工总平面图，单体建筑、结构、设备的竣工图，配套设施、地下管网工程竣工图等竣工验收资料；（3）设施设备的安装、使用和维护保养等技术资料；（4）物业质量保修文件和物业使用说明文件；（5）配套设施移交协议书复印件；（6）物业管理必需的其他资料。

5. 配合乙方做好物业管理区域内的物业服务工作。

6. 按时足额交纳物业管理区域内已竣工但尚未出售物业的物业服务费、因甲方原因未能按时交付物业买受人的物业及自有物业的物业服务费用。

7. 有关法律规定和当事人约定的其他权利义务。

第十八条 乙方的权利义务

1. 根据有关法律、法规及本合同的约定，按照物业服务标准和内容提供物业服务，收取物业服务费、特约服务费。

2. 及时向业主、物业使用人告知安全、合理使用物业的注意事项。

3. 定期听取业主的意见和建议，接受业主监督，改进和完善服务。

4. 对违法建设、违规出租房屋、私拉电线、占用消防通道等行为进行劝阻、制止，劝阻、制止无效的，及时报告相关行政执法机关。

5. 发现有安全风险隐患的，及时设置警示标志，及时采取措施排除隐患或者向有关专业机构报告。

6. 妥善保管和正确使用本物业的档案资料，及时记载有关变更信息，不得泄露在物业服务活动中获取的业主信息。

7. 对业主和物业使用人违反本合同和本小区临时管理规约的行为进行劝阻、制止，并及时报告业主委员会或者物业管理委员会。

8. 履行生活垃圾分类管理责任人职责，指导、监督业主和物业使用人进行生活垃圾分类。

9. 不得擅自占用本物业管理区域内的共用部位或擅自改变其使用用途。不得擅自将共用部分用于经营活动。不得擅自占用、挖掘本物业管理区域内的道路、场地，确需临时占用、挖掘本物业管理区域内道路、场地的，应当按规定办理相关手续，制定施工方案，开工前要在物业管理区域内公示，施工过程中尽可能减少对业主的影响，并及时恢复原状。

10. 乙方实施锅炉、电梯、电气、制冷以及有限空间、高空等涉及人身安全的作业，应当具备相应资质或委托具备相应资质的单位实施，委托其他单位实施的，应当明确各自的安全管理责任。

11. 乙方可将本物业管理区域内的专项服务委托给专业性服务企业，但不得将全部物业服务一并或分解后分别委托给其他单位或个人。乙方应当将委托事项及受托企业的信息在物业管理区域内公示。乙方与受托企业签订的合同中约定的服务标准，不得低于本合同约定。乙方应当对受托企业的服务行为进行监督，并对受托企业的服务行为承担责任。

12. 乙方应当在物业管理区域内显著位置设置公示栏，按照相关法律、法规的规定，公示乙方的服务内容及收费标准、服务方式、联系方式以及物业管理区域内设备设施的维修保养、业主装修、车位租售、费用使用、公共收益等相关情况。

13. 乙方可以对拒不交纳物业服务费的业主依法提起诉讼或者申请仲裁；但乙方不得采取停止供电、供水、供热、供燃气等方式催交物业费。

14. 乙方应当采取必要的安全保障措施防止从建筑物中抛掷物品情形的发生；未采取必要的安全保障措施的，应当依法承担未履行安全保障义务的侵权责任。乙方在不侵犯他人隐私的情况下，可通过安装监控摄像头等方式就抛掷物品危害他人人身财产安全、破坏环境卫生等行为收集相应证据。乙方需妥善保管录音录像等证据，不得擅自毁损破坏，并且未经法定程序不得擅自向第三方公开。

15. 配合街道办事处、乡镇人民政府、行政执法机关和居民委员会、村民委员会做好物业管理相关工作。

16. 有关法律规定和当事人约定的其他权利义务。

第十九条　业主的权利义务

1. 有权要求甲、乙双方按合同约定提供物业服务。

2. 甲、乙双方履行本合同，对乙方提供的物业服务有建议、督促的权利。

3. 对本物业管理区域内专项维修资金的使用及物业共用部位、共用设施设备的经营收益及使用情况，享有知情权和监督权。

4. 遵守本小区临时管理规约以及物业管理区域内物业共用部分的使用、公共秩序和环境卫生的维护等方面的规章制度。

5. 按照国家和本市有关规定缴纳专项维修资金。

6. 对乙方根据合同和有关规章制度提供的管理服务给予必要配合。

7. 根据本合同的约定交纳物业服务费与其他服务费。

8. 有关法律、法规和当事人约定的其他权利义务。

第七部分 合同终止

第二十条 本合同期限届满前3个月，由业主共同决定是否继续聘用乙方作为物业服务人。本合同期限未满，但业主已选聘新的物业服务人的，业主与新物业服务人签订的物业服务合同生效时，本合同自动终止；乙方应当在接到业主委员会或物业管理委员会合同终止书面通知之日起30日内，移交物业服务用房、物业服务的相关资料及属于本物业管理区域内的物业共用设施设备、公共区域，结清预收、代收的相关费用，并按时撤出本物业管理区域。

因前款原因解除合同造成乙方损失的，除不可归责于业主的事由外，乙方有权要求业主赔偿损失。在办理交接至撤出物业管理区域期间，乙方应当负责维持正常的物业管理秩序。

第二十一条 本合同期限届满，业主未选聘新的物业服务人，或与新物业服务人签订的物业服务合同尚未生效的，乙方应当继续按合同约定提供物业服务，在此期间的物业服务费用仍由业主按本合同约定标准交纳。

第二十二条 本合同终止后，甲乙双方应当共同做好债权债务处理、物业服务费用的清算、对外签订的各种协议的执行等善后工作；乙方应当协助业主委员会或物业管理委员会做好物业服务的交接和善后工作。

第八部分 违约责任

第二十三条 由于甲方开发建设遗留问题导致乙方未能完成服务内容的，乙方有权要求甲方限期解决，甲方应当承担相应的违约责任；给乙方造成损失的，甲方应当承担相应的赔偿责任。

乙方在服务期限内擅自撤出的，应当按照服务剩余期限物业服务总费用的标准向业主支付违约金；乙方在本合同终止后拒不撤出本物业区域的，应当按照物业服务总费用 __________ 的标准向业主支付延迟撤出期间违约金。前述行为给业主造成损失的，乙方应当承担相应的赔偿责任。

除不可预见的情况外，乙方擅自停水、停电的，甲方或业主有权要求乙方限期解决，乙方应当承担相应的违约责任；给甲方或业主造成损失的，乙方应当承担相应的赔偿责任。

第二十四条 乙方违反本合同的约定，擅自提高物业服务费标准，业主就超额部分有权拒绝交纳，同时乙方应当按 __________ 的标准向业主支付违约金。业主逾期未交纳物业服务费的，应当按照 __________ 的标准承担相应的违约金。

第二十五条 除本合同第七部分规定的合同终止情形外，甲、乙双方均不得提前解除本合同，否则解约方应当承担相应的违约责任；给对方或业主造成损失的，解约方应当承担赔偿责任。

第二十六条 因不可抗力致使合同部分或全部无法履行的，根据不可抗力的影响程度，部分或全部免除责任。

第二十七条 为维护公共利益，在不可预见的情况下，如发生燃气泄漏、漏电、火灾、暖气管或水管破裂、救助人命等突发事件，或者依法配合公安机关工作等情况时，乙方因采取紧急避险措施造成损失的，当事人应当按有关规定处理。

第二十八条 乙方有确切证据证明属于以下情况的，可不承担违约责任。

1. 由于甲方、业主或物业使用人的自身责任且乙方无过错导致乙方的服务无法达到合同约定的。

2. 因维修养护本物业区域内的共用部位、共用设施设备需要且事先已告知业主或物业使用人，暂时停水、停电、停止共用设施设备使用等造成损失的。

3. 非乙方责任出现供水、供电、供气、供热、通讯、有线电视及其他共用设施设备运行障碍造成损失的。

第九部分 争议解决

第二十九条 合同履行过程中发生争议的，双方可以通过友好协商或者向物业所在地人民调解委员会申请调解的方式解决；不愿协商、调解或者协商、调解不成的，可以按照以下第 _____ 种方式解决：

1. 向 ______________________________ 人民法院提起诉讼。

2. 向 ______________________________ 仲裁委员会申请仲裁。

第十部分 附则

第三十条 对本合同的任何修改、补充须经双方书面确认，与本合同具有同等的法律效力。对本合同的修改、补充不得损害业主的利益，修改、补充的内容不得与本小区临时管理规约的内容相抵触。

第三十一条 本合同正本连同附件一式 __________ 份，甲方、乙方各执一份，具有同等法律效力。本合同签订或者变更之日起15日内，乙方应当将本合同报物业所在地街道办事处或乡镇人民政府、所在区住房城乡建设或房屋主管部门予以备案。

第三十二条 本合同经双方法定代表人或授权代表人签字并加盖公章后生效，并作为《商品房预售合同》或《商品房现房买卖合同》的附件。

第三十三条 其他约定：________________

甲方：________________ 乙方：________________

授权代表：________________ 授权代表：________________

签订日期：______年____月____日 ______年____月____日

2. 物业服务合同范本

北京市物业服务合同范本（BF-2021-2713）
甲方（业主）：________[业主][业主大会][业主委员会][物业管理委员会]负责人：________（此项由业主大会/业主委员会/物业管理委员会填写） 联系电话：________________ 身份证号：________________ 通讯地址：________________ 邮政编码：________________ 乙方（物业服务人）：________________[物业服务企业][专业单位][其他物业管理人]（物业服务人是服务企业、专业单位请填1，其他物业管理人填2） 1. 统一社会信用代码：________________ 法定代表人：________________ 联系电话：________________ 委托代理人：________________ 联系电话：________________ 通讯地址：________________ 邮政编码：________________ 2. 身份证号：________________ 联系方式：________________

甲方以［公开招标方式］［邀请招标方式］［协议方式］选聘乙方提供物业服务，根据《中华人民共和国民法典》《物业管理条例》及《北京市物业管理条例》等有关法律、法规的规定，在自愿、平等、公平、诚实信用的基础上，订立本合同。

第一部分 物业项目基本情况

第一条 本物业项目（以下简称“本物业”）基本情况如下：

名称：________________［地名核准名称］［暂定名］。

类型：______［普通住宅］［办公］［商业］［其他］。

坐落位置：北京市______区______路（街）。

规划建筑面积：______平方米。

第二条 物业管理区域四至：

东至______南至______西至______北至______

规划平面图和物业管理区域内的物业构成明细见附件。

第三条 物业服务用房主要用于物业服务企业客服接待、项目档案资料保存、工具物料存放、人员值班备勤、业主大会及业主委员会办公用房等。

物业服务用房建筑面积为______平方米，其中地上建筑面积为______平方米，位于______［号楼］______［幢］______［座］______层______单元______号；地下建筑面积为______平方米，位于______［号楼］______［幢］______［座］______层______单元______号；其中业主大会及业主委员会办公用房建筑面积为______平方米，位于______［号楼］［幢］______［座］______层单元______号。

（注：物业服务用房为多处时，双方可自行增加以上内容。）

第二部分 物业服务事项及期限

第四条 乙方指定物业服务项目负责人为：________________，联系电话：________________。乙方更换项目负责人的，应当于7日内在本物业管理区域内的显著位置公示。

第五条 乙方应当提供的物业服务包括以下内容：

1. 制订物业服务工作计划，根据法律、法规和本小区管理规约的授权制订物业服务的有关制度；并按照有关制度和计划组织实施；管理相关的工程图纸、档案与竣工验收资料等。

2. 负责本物业管理区域内物业共用部位的日常维修、养护和管理。物业共用部位。

3. 负责本物业管理区域内物业共用设施设备的日常维修养护、运行和管理。物业共用设施设备。

4. 负责共有绿地、景观的养护和管理。

5. 负责清洁卫生服务，包括本物业管理区域内物业共用部位、公共区域的清洁卫生和生活垃圾、建筑垃圾、大件垃圾的收集和管理等。

6. 负责协助维护公共秩序和协助做好安全防范工作。

7. 负责保管甲方移交的全部资料。负责按照《北京市物业管理条例》的要求建立、保管相关档案并保存好相关资料。

8. 配合物业管理区域内非业主共有公共服务设施的产权单位做好相关设施的供水、供电等工作，并与产权单位约定设施运行、维修养护、更新改造等责任和物业服务事项。

9. 其他服务事项：

第六条 物业服务期限为 ________ 年，自 ________ 年 ________ 月 ________ 日至 ________ 年 ________ 月 ________ 日。

第三部分 物业服务标准

第七条 乙方按以下第 ________ 种方式提供住宅的物业服务：

1. 北京市现行住宅物业服务标准中的 ________ 级物业服务标准。

2. 选择北京市现行住宅物业服务标准中不同等级的具体物业服务事项和标准。

甲、乙双方约定的北京市现行住宅物业服务标准范围以外的具体服务事项和标准。

第四部分 物业服务费用

第八条 本物业区域物业服务收费为 [包干制][酬金制] 方式。

第九条 包干制

1. 物业服务费用由甲方按其拥有物业的建筑面积交纳，具体标准如下：

[多层住宅]：________ 元 / 平方米 · 月；

[高层住宅]：________ 元 / 平方米 · 月；

[别墅]：________ 元 / 平方米 · 月；

[办公楼]：________ 元 / 平方米 · 月；

[商业物业]：______________ 元 / 平方米·月；

[会所]：____________________________ 元 / 平方米·月；

______________ 物业：______________ 元 / 平方米·月。

2. 盈余或者亏损均由乙方享有或者承担；乙方不得以亏损为由要求增加费用、降低服务标准或减少服务内容。

3. 乙方应当按规定向甲方公布物业服务收支情况。

4. 甲方应当在合同生效后，按照 [年] [季] 交纳物业服务费，具体于前交纳。

第十条 酬金制

1. 物业服务费由甲方按其拥有物业的建筑面积预先交纳，具体标准如下：

[多层住宅]：_____________ 元 / 平方米·月；

[高层住宅]：_____________ 元 / 平方米·月；

[别墅]：_____________ 元 / 平方米·月；

[办公楼]：_____________ 元 / 平方米·月；

[商业物业]：_____________ 元 / 平方米·月；

[会所]：_____________ 元 / 平方米·月；

_____________ 物业：_____________ 元 / 平方米·月。

2. 物业服务费为所交纳的甲方所有，其构成包括物业服务支出和物业服务企业的酬金。

物业服务支出包括以下部分。①管理服务人员的工资、社会保险和按规定提取的福利费等；②物业共用部位、共用设施设备的日常运行、维护费用；③物业管理区域内清洁卫生费用；④物业管理区域内绿化养护费用；⑤物业管理区域内秩序维护费用；⑥乙方办公费用；⑦乙方企业固定资产折旧；⑧物业共用部位、共用设施设备及公众责任保险费用；⑨乙方履行本物业服务合同项下所有义务需要的其他费用。

3. 乙方采取以下第 ______ 种方式提取酬金。

①[每季][每半年][每年]，计 ___________ 元的标准从预收的物业服务费中提取；②[每季][每半年][每年]，从预收的物业服务费中按 _______% 的比例提取。

4. 物业服务支出应当全部用于本合同约定的支出，年度结算后结余部分，转入下一年度继续使用，年度结算后不足部分，由全体业主承担，另行交纳。

5. 乙方应当向甲方公布物业服务年度计划和支出年度预决算，并按［季］［半年］向甲方公布物业服务费的使用情况。

6. 甲方应当在合同生效后，按照［年］［季］交纳物业服务费，具体于前交纳。

第十一条 乙方对甲方物业专有部分提供维修养护或其他服务的，应当与甲方另行签订服务协议，服务事项、标准及费用由双方在协议中约定。

第十二条 物业装饰装修前，甲方与乙方签订书面装饰装修服务协议，乙方应当告知甲方相关的禁止行为、注意事项、垃圾堆放和清运要求、施工时间等事项，并将装饰装修的时间、地点等情况在甲方所在楼内公示。

甲方完成装修后，应当通知乙方进行装修检查。

第十三条 甲方委托乙方提供机动车停车服务的，甲乙双方另行签订停车管理委托协议进行约定，乙方应当与车位使用人签订书面的停车服务协议，明确双方在车位使用及停车服务等方面的权利义务。

停车服务费按 ______________ 元 /（车位·月）的标准收取。

第十四条 乙方接受供水、供电、供气、供热、通讯、有线电视等专业运营单位委托代收使用费用的，不得向甲方收取手续费等额外费用，不得限制或变相限制甲方购买或使用。

第十五条 在物业服务期间，甲方转让或出租其物业专有部分时，应当将本合同、本小区管理规约以及有关费用交纳情况等事项告知受让人或承租人，并自买卖合同或租赁合同签订之日起15日内，将买卖或出租情况告知乙方。甲方转让物业前，应当与乙方结清相关费用。

第五部分 权利与义务

第十六条 甲方的权利义务

1. 要求乙方按照本合同约定提供服务。

2. 监督乙方履行本合同，对乙方提供的物业服务有建议、督促的权利。

3. 审定乙方制定的物业服务方案，并监督实施。

4. 监督专项维修资金的使用。

5. 对物业共用部位、共用设施设备和相关场地使用，享有知情权、监督权和收益权。

6. 遵守本小区管理规约，业主大会议事规则。 7. 遵守物业管理区域内共用部位和共用设施设备的使用、公共秩序和环境卫生的维护等以及应对突发事件等方面的制度要求。 8. 按照国家和本市有关规定缴纳专项维修资金。 9. 应当配合乙方实施物业管理。 10. 应当根据本合同的约定按时足额交纳物业费。 11. 应当履行房屋安全使用责任。 12. 有关法律、法规和当事人约定的其他权利义务。 **第十七条** 乙方的权利义务 1. 根据国家和本市规定的标准、规范及本合同的约定提供物业服务，并收取物业费。 2. 及时向甲方告知安全、合理使用物业的注意事项。 3. 定期听取甲方的意见和建议，接受甲方监督，改进和完善服务。 4. 对违法建设、违规出租房屋、私拉电线、占用消防通道等行为进行劝阻、制止，劝阻、制止无效的，及时报告相关行政执法机关。 5. 发现有安全风险隐患的，及时设置警示标志，采取措施排除隐患或者向有关专业机构报告。 6. 妥善保管和正确使用本物业的档案资料，及时记载有关变更信息，不得泄露在物业服务活动中获取的甲方信息。 7. 对甲方和物业使用人违反本合同、本小区管理规约的行为进行劝阻、制止；并及时报告业主委员会或者物业管理委员会。 8. 履行生活垃圾分类管理责任人职责，指导、监督甲方进行生活垃圾分类。 9. 不得擅自占用本物业管理区域内的共用部位或擅自改变其使用用途。不得擅自将甲方所有的共用部分用于经营活动。不得擅自占用、挖掘本物业管理区域内的道路、场地，确需临时占用、挖掘本物业管理区域内道路、场地的，应当按规定办理相关手续，制定施工方案，开工前要在物业管理区域内公示，施工过程中尽可能减少对甲方的影响，并及时恢复原状。 10. 乙方实施锅炉、电梯、电气、制冷以及有限空间、高空等涉及人身安全的作业，应当具备相应资质或委托具备相应资质的单位实施，委托其他单位实施的，应当明确各自的安全管理责任。

11. 乙方可将本物业管理区域内的专项服务委托给专业性服务企业，但不得将全部物业服务一并或分解后分别委托给其他单位或个人。乙方应当将委托事项及受托企业的信息在物业管理区域内公示。乙方与受托企业签订的合同中约定的服务标准，不得低于本合同约定。乙方应当对受托企业的服务行为进行监督，并对受托企业的服务行为承担责任。 12. 乙方应当在物业管理区域内显著位置设置公示栏，按照相关法律、法规的规定，公示乙方的服务及收费标准、服务方式、联系方式以及物业管理区域内设备设施的维修保养、业主装修、车位租售、费用使用等相关情况。 13. 甲方在合理期限届满后拒不交纳物业费的，乙方可以对其依法提起诉讼或者申请仲裁；但乙方不得采取停止供电、供水、供热、供燃气等方式催交物业费。 14. 乙方应当采取必要的安全保障措施防止从建筑物中抛掷物品的事件的发生；未采取必要的安全保障措施的，应当依法承担未履行安全保障义务的侵权责任。乙方在不侵犯他人隐私的情况下，可通过安装监控摄像头等方式就抛掷物品危害他人人身财产安全、破坏环境卫生等行为收集相应证据。乙方需妥善保管录音录像等证据，不得擅自毁损破坏，并且未经法定程序不得擅自向第三方公开。 15. 配合街道办事处、乡镇人民政府、行政执法机关和居民委员会、村民委员会做好物业管理相关工作。 16. 有关法律规定和当事人约定的其他权利义务。 **第六部分 合同终止** **第十八条** 本合同期限届满前6个月，甲方应当与其他业主共同决定续聘或者另聘物业服务人，并将决定书面告知乙方。 **第十九条** 本合同期限届满前，甲方决定继续聘用乙方的，应当在本合同届满前重新签订物业服务合同。乙方不接受续聘的，应当在本合同届满前90日书面告知甲方。 **第二十条** 本合同期限届满、甲方与其他业主没有共同做出续聘或者另聘物业服务人决定，乙方继续按本合同约定提供物业服务的，本合同权利义务延续。在合同权利义务延续期间，任何一方提出终止合同的，应当提前60日书面告知对方。

第二十一条 乙方自收到甲方不再续约的通知之日起30日内履行下列交接义务，并在合同届满后退出物业管理区域。

1. 移交物业共用部分，包括共用设施设备、公共区域等。

2. 物业共用部分查验交接以及移交相关档案资料等。

3. 甲乙双方结清预收、代收的相关费用，包括物业费的清算、对外签订的各种协议的执行等。

4. 移交物业服务用房、物业服务的相关资料。

在办理交接至撤出物业管理区域期间，乙方应当负责维持正常的物业管理秩序。

第七部分 违约责任

第二十二条 甲、乙双方对物业服务质量发生争议的，双方可共同委托专业评估机构就乙方的物业服务质量是否符合本合同约定的服务标准进行评估；乙方管理服务达不到本合同约定的服务内容和标准的，应当承担采取补救措施或赔偿损失等违约责任。

第二十三条 乙方违反本合同的约定，擅自提高物业服务费标准的，甲方就超额部分有权拒绝交纳，同时乙方应当按 ______ 的标准向甲方支付违约金。

乙方在服务期限内擅自撤出的，应当按照服务剩余期限物业服务总费用的标准向甲方支付违约金；乙方在本合同终止后拒不撤出本物业区域的，应当按照延迟撤出期间物业服务总费用 ______ 的标准向甲方支付违约金。前述行为给甲方造成损失的，乙方应当承担相应的赔偿责任。

除不可预见的情况外，乙方擅自停水、停电的，甲方有权要求乙方限期解决，乙方应当承担相应的违约责任；给甲方造成损失的，乙方应当承担相应的赔偿责任。

第二十四条 除本合同约定及法律规定的合同应当终止的情形外，甲、乙双方均不得提前解除本合同，否则解约方应当承担相应的违约责任；给守约方造成损失的，解约方应当承担赔偿责任。

第二十五条 甲方违反本合同约定，未能按时足额交纳物业服务费，应当按 ______ 的标准向乙方支付违约金。

甲方违反本合同的约定，实施妨碍物业服务行为的，应当承担恢复原状、停止侵害、排除妨碍等相应的民事责任。

第二十六条 因不可抗力致使合同部分或全部无法履行的，根据不可抗力的影响，部分或全部免除责任。

第二十七条 为维护公共利益，在不可预见情况下，如发生燃气泄漏、漏电、火灾、暖气管或水管破裂、救助人命等突发事件或者依法配合公安机关工作等情形时，乙方因采取紧急避险措施造成损失的，当事人应当按有关规定处理。

第二十八条 乙方有确切证据证明属于以下情况的，可不承担违约责任。

1. 由于甲方自身责任导致乙方的服务无法达到合同约定的。

2. 因维修养护本物业区域内的共用部位、共用设施设备需要且事先已告知甲方，暂时停水、停电、停止共用设施设备使用等造成损失的。

3. 非乙方责任出现供水、供电、供气、供热、通讯、有线电视及其他共用设施设备运行障碍造成损失的。

第八部分 争议解决

第二十九条 合同履行过程中发生争议的，双方可以通过友好协商或者向物业所在地人民调解委员会申请调解的方式解决；不愿协商、调解或者协商、调解不成的，可以按照以下第______种方式解决。

1. 向____________________人民法院提起诉讼。

2. 向____________________仲裁委员会申请仲裁。

第九部分 附 则

第三十条 对本合同的任何修改、补充须经双方书面确认，与本合同具有同等的法律效力。修改、补充的内容不得违背本小区管理规约的内容。

第三十一条 本合同正本连同附件一式____份，甲方、乙方各执____份，具有同等法律效力。本合同签订或者变更之日起15日内，乙方应当将本合同报物业所在地街道办事处或乡镇人民政府、所在区住房城乡建设或房屋主管部门予以备案。

第三十二条 本合同经双方签字并盖章后生效。

第三十三条 其他约定：

____。

甲方：______________ 乙方：______________

授权代表：____________ 授权代表：____________

签订日期：______年____月____日 ______年____月____日

第八章　物业收费的管理

第一节 物业服务收费及支出

一、物业服务收费

物业服务收费是指物业服务企业按照物业服务合同的约定，对房屋及配套的设施设备和相关场地进行维修、养护、管理，维护相关区域内的环境卫生和秩序，并因此向业主所收取的费用。

二、物业服务收费的种类

物业服务收费应当区分不同物业的性质和特点分别实行政府指导价和市场调节价。

物业服务收费实行政府指导价的，由有定价权限的人民政府价格主管部门同房地产行政主管部门根据物业管理服务等级标准等因素，制定相应的基准价及浮动幅度，并定期公布。具体收费标准由业主与物业服务企业根据规定的基准价和浮动幅度在物业服务合同中约定。

实行市场调节价的物业服务收费，由业主与物业服务企业在物业服务合同中约定。

本书主要介绍实行市场调节价的物业服务费收取。

三、物业服务费的支出构成

按照《物业服务收费管理办法》（发改价格〔2003〕1864号），物业服务成本或者物业服务支出构成，一般包括以下部分。

（1）管理服务人员的工资、社会保险和按规定提取的福利费等。

（2）物业共用部位、共用设施设备的日常运行、维护费用。

（3）物业管理区域清洁卫生费用。

（4）物业管理区域绿化养护费用。

（5）物业管理区域秩序维护费用。

（6）办公费用。

（7）物业服务企业固定资产折旧。

（8）物业共用部位、共用设施设备及公众责任保险费用。

（9）经业主同意的其他费用。

以上物业管理区域指的是物业管理的公共区域。

实行物业服务费用包干制的，物业服务费用的构成不仅包括物业服务成本，还包括法定税费和物业服务企业的利润；实行物业服务费用酬金制的，在收取物业服务资金中不仅包括物业服务支出，还包括物业服务企业的酬金。

物业共用部位、共用设施设备的大修、中修和更新、改造费用，应当通过专项维修资金予以列支，不得计入物业服务支出或者物业服务成本。

第二节 收取物业服务费的方法和程序

一、收取物业服务费的方法

1. 设置收费处

为方便业主交费，物业服务企业通常设置收费处进行收费服务，业主交费时，收费人员及时、准确记录，核对应收费用项目，提供收费项目查询，办理收费手续。

2. 上门收费

物业服务企业的财务部门对每户业主应交费用进行计算、统计，发放收费通知书，注明上门收费日期，由专职收费人员到业主家中进行收费服务，方便业主。有时，这种上门收费的通知可以集中于楼宇单元门栋入口处张贴或发放。

3. 银行划扣或利用智能化系统收取

可以委托银行按照收取电费、水费类似的方法统一从活期存折账户或银行卡账户中定期划扣。有条件的物业服务企业也可以利用智能化系统或计算机网络提供查询和收费服务。

二、收取物业服务费的程序

1. 送发收费通知单

物业服务费一般由管家或者专门收费员负责向业主收取。通常应在每年或每月某日前，指派人员将上年或上月物业服务费明细账单及收费通知单及时地送达业主，并接受其查询。无法送达业主时，财务人员应将收费通知单妥善保管并登记备案。

2. 进行收费服务

物业服务企业财务部门应按工作流程规范收缴物业服务费，在规定时间、由规定人员佩戴专门胸卡在指定地点或上门收取，开具发票。也可在指定的存折账户中统一扣取，或由业主刷卡交费，再寄送或上门送交发票。

3. 催缴物业服务费的程序和方法

物业服务费收取与追缴的工作流程如图 8-1 所示。

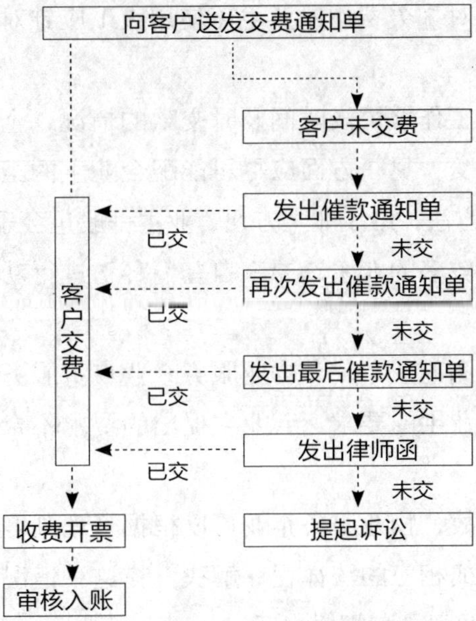

图 8-1　物业服务收费与追缴流程图

业主享受物业服务企业提供的物业服务，就有承担、缴纳物业服务费用的义务。但在物业服务过程中，因沟通不畅、业主疏忽、存在纠纷争议等原因，总有一定数量的业主、使用人拖欠或拒交物业服务费，影响物业服务的质量和工作正常开展。按规定逾期欠费，业主将按每日一定比率计算缴纳滞纳金。企业对欠费业主应及时催缴追讨，且企业有权对欠费期超过一定期限仍不缴费的业主提起诉讼，索赔欠费。

三、追讨欠缴物业费的方法

追讨欠缴物业费主要有以下几种不同的方法。

1. 一般性追缴

当上月费用拖欠后，物业服务企业在下一次收费时向业主（使用人）发催款通知单，此单将上次费用以及本次费用一起通知业主（使用人）。如果第二次仍拖欠，物业服务企业将在第三次再次发催款通知单，将前两次的费用和当次费用一并通知，并限期交清。

2. 针对性追缴

物业服务企业对拖欠费用的业主（使用人）应针对不同情况，采取相应措施。

对于业主由于工作繁忙没时间及时交款的情况，企业财务部门一方面要及时提醒业主补交，另一方面应尽可能配合业主的工作时间，采用上门收缴，预约时间等方法，给予业主方便，业主一般也会乐于配合。

对于欠缴费用较多的业主，要亲自登门拜访进行劝导和解释，争取业主的理解和支持。

对于对服务不满的业主，若物业服务企业自身服务确有不足的地方，应尽快改正，满足业主的要求。若业主提出的要求不合理，也应向业主耐心解释。

若业主依然如故，物业服务企业可以根据管理制度、服务合同采取停止服务、发律师函或相应的法律程序解决。在这种情况下，要特别注意保存好催款工作的书面记录和相关物证。

第三节 其他收费及管理

物业的其他收费包括代收代缴费用、特约服务费及管家式物业服务费。其中的特约服务及管家式物业服务费皆为有偿性服务收费。

【要点】

对于代收代缴费用，物业服务企业应该按照相应的计量标准及收费规定，代有关部门收取。而对于特约服务费及管家式物业服务费，物业服务企业应该有明确的收费细则及标准，并向业主公开。

一、代收代缴费用

代收代缴费用，指的是在物业管理区域内，供水、供电、供气、供热、通信、有线电视等单位应当向最终用户收取有关费用。根据《物业管理条例》第四十四条规定："物业管理区域内，供水、供电、供气、供热、通信、有线电视等单位应当向最终用户收取有关费用。物业服务企业接受委托代收前款费用的，不得向业主收取手续费等额外费用。"

二、特约服务费用

1. 家庭日常维修

（1）强电类维修服务。如：换灯、换电源开关板、墙壁插座等。

（2）家用电器类维修。如：电视、音响、炉具、洗碗机等。

（3）给排水类维修。如：维修下水管、安装坐便器、疏通管道等。

（4）土木装修类维修。如：更换大门锁、修理家具、补吊顶等。

2. 室内清洁全套服务

包括：全屋家具抹尘、地面清扫吸尘、清洗餐具茶具、清洗洗手间、整理床、清理垃圾、露台清扫、拖地、代收送洗衣等。

3. 室内单项护理清洁服务

①地毯清洗；②木地板打蜡、大理石打蜡、抛光；③沙发清洗，皮面护理；

④木质墙护理打蜡；⑤清洁天花板、灯具；⑥空调风口、尘网清洗；⑦室内外玻璃清洗；⑧厨房全套清洁等。

4. 商务服务类

①代购火车票、飞机票；②代办传真、复印、打字。

三、管家式物业服务费用

为了有别于其他物业，物业服务企业会提供一些特色服务，例如联系一些专业公司或服务部门，根据业主的需要，为业主提供有偿服务，而这些有偿服务所产生的费用由业主担负，而且物业不收取任何中介服务费用。管家式物业服务主要包括以下内容。

1. 礼仪服务

（1）接送业主的朋友或孩子。业主如因工作忙，没有时间到车站或机场接送朋友，或是没有时间接送孩子上下学，业主可委托物业安排服务人员负责此项工作。

（2）家庭宴会侍应服务。业主召集朋友在家中举办家庭宴会，如需要服务人员服务时，物业可根据业主的需要安排专业服务人员为家庭宴会提供斟酒、上菜等服务。

（3）代购、代订礼品、鲜花。业主因工作繁忙而无暇顾及送礼、送花事务时，物业可为业主联系礼品、鲜花店提供此项服务。

（4）车辆租用。为有需要的业主联系租车公司，省却了业主的咨询时间。

（5）仪式主持。业主的公司或一些婚庆场合需要主持或礼仪服务时，物业可帮业主联系专业的礼仪公司为业主提供此项服务。

2. 家政服务

（1）搬家服务。业主搬家前，物业可为业主联系搬家公司。

（2）代请保姆、家教。业主因工作繁忙，可能会需要专业保姆照顾家人或请家教辅导孩子功课，物业可为业主联系专业的家政公司或家教人员，为业主提供上述服务。

（3）代请钟点工。根据业主需要，物业可为业主联系专业计时钟点工，为业主提供病人护理、室内清洁等服务。

第三部分
物业服务企业管理程序

物业服务企业的从业人员应该掌握招投标中物业服务企业投标的准备、标书的制作、中标后的管理等工作内容；掌握物业接管验收程序及应提交的资料、物业接管硬件设施设备验收标准等内容；熟悉物业入住手续的办理方法以及物业装修管理等内容。

第九章　物业招投标的管理

第一节　物业招投标概述

一、物业管理招投标的含义

物业管理的招标，是物业业主、开发商运用价值规律和市场竞争来寻找、选聘物业服务企业并委托其管理的基本方式。

物业管理投标，是物业服务企业依据委托方招标文件的要求组织编制标书，参加物业管理资格竞争的一种行为，它是物业服务企业前期介入的基本前提和常规性工作。

物业管理中引入招标和投标，是物业管理市场化的一种表现。在物业管理中引入竞争机制，为业主（或开发商）选择物业服务企业提供了较大的空间，同时也为物业服务企业提供了公平竞争的机会。

二、物业管理招投标的特点

物业管理本身要求的特点使物业管理招投标与其他招投标相比有所不同。

超前招投标。物业管理的前期管理，决定了物业管理招投标必须超前。因为只有中标的公司才能参与前期工作，才能参加物业的规划、设计、施工、验收等活动，才能确保物业质量，并及时做好后期管理的各项准备工作。

具有阶段性。物业一旦建造完成，其使用寿命具有长期性。物业使用寿命的长期性意味着物业管理是一项长期工作。物业管理的长期性特点决定了物业管理招投标具有阶段性。首先，招标文件中的各种管理要求、管理价格的制定都具有阶段性，经过一段时间，由于各种变化可能需要调整。其次，物业服务企业一旦中标，并不意味着可以长期占据这一市场份额直到所管物业的寿命期结束，可能在激烈的竞争中被更好的物业服务企业所替代。

一般委托管理具有一定期限，期限到期时，业主委员会根据物业服务企业的管理服务业绩，通过决议决定是否续聘原物业服务企业。当然也可能未过委托管理期限，但由于原中标的物业服务企业未能很好地履行合同中的责任和义务而遭解聘，由业主委员会重新招聘物业服务企业。

三、物业管理招标方式

物业管理招标可分为公开招标、邀请招标和协议招标三种方式。

1. 公开招标

即由开发商或业主委员会通过报刊、广播、电视等发布招标广告，实行公开招标。

2. 邀请招标

即由招标单位向有承担能力的若干物业服务企业发出招标通知，邀请其参加投标，被邀请单位的数目是有限的，一般不超过10家，通常为3～8家。

3. 协议招标

是指不通过公开或邀请招标，而由开发商或业主委员会直接邀请某一物业服务企业进行协商，然后达成协议的招标形式。

【要点】

《物业管理条例》第二十四条规定：国家提倡建设单位按照房地产开发与物业管理相分离的原则，通过招投标的方式选聘物业服务企业。

住宅物业的建设单位，应当通过招投标的方式选聘物业服务企业；投标人少于3个或者住宅规模较小的，经物业所在地的区、县人民政府房地产行政主管部门批准，可以采用协议方式选聘物业服务企业。

四、物业管理招投标程序

1. 成立招标机构

招标人是指在政府物业管理行政主管部门备案后，自行组织实施招标活动的自然人，可推选业主代表在政府物业管理行政主管部门建立的物业管理专家库中抽选评标专家组织招标；委托招标代理机构进行招标的，招标代理机构即为招标机构，负责招标。

2. 编制招标文件

招标文件是招标人向潜在投标人提供的一份详细文件，其中包含了招标项目的基本情况介绍、招标人的具体要求，以及投标人参与竞标时必须遵循的填写和编制文件的规范。物业管理招标文件一般包括以下内容。

（1）投标邀请（邀请招标的）。

（2）投标人须知（包括密封、签署、盖章要求等）。

（3）投标人应当提交的资格、资信证明文件。

（4）投标报价要求、投标文件编制要求和投标保证金交纳方式。

（5）招标项目的技术规格、要求和数量，包括附件、图纸等。

（6）合同主要条款及合同签订方式。

（7）交货和提供服务的时间。

（8）评标方法、评标标准和废标条款。

（9）投标截止时间、开标时间及地点。

（10）省级以上财政部门（政府采购项目）规定的其他事项。

招标人应当在招标文件中规定并标明实质性要求和条件。

3. 制定标底

标底是招标人为标的计算出的一个合理的基本价格，是招标人审核报价、评标和确定中标人的重要依据。

制定标底主要基于两个方面：一是招标文件中对工作量的详细说明；二是投标人提出的物业管理方案。这两个因素共同决定了标底的设定，以确保招标过程的公正性和准确性。

4. 发布招标信息

发布招标信息有发布招标公告和送达投标邀请书两种形式。

发布招标公告即通过社会媒体对外公开发布招标公告信息，其关键在媒体渠道选择与发布时间安排。

招标公告发布渠道主要有物业项目所在地政府物业管理行政主管部门

或物业管理行业协会网站、官方指定网站、房地产或物业管理专业期刊、报纸等。

招标公告的发布时间依据《中华人民共和国招标投标法》第二十四条规定："招标人应该确定投标人编制投标文件所需要的合理时间；但是，依法必须进行招标的项目，自招标文件开始发出之日起至投标人提交投标文件截止之日止，最短不得少于二十日。"

送达投标邀请书一般是通过快递或专人送达的方式送至受邀单位，此时需考虑时间安排。

5. 发售标书及资格审查

资格审查分为资格预审和资格后审。

资格预审是指招标人或其委托的代理机构在发售招标文件时，对潜在投标人进行资格审核，剔除经营条件、管理能力和以往业绩较差的投标人。

资格后审是指在投标人递送标书且开标之后进行的资格审核。

6. 召开标前会议

投标人按时到指定地点购买招标文件后，招标人安排标前会议。标前会议的主要目的是解答投标人提出的各类问题，通常是在招标人组织投标人进行现场踏勘后，在招标人所在地或招标物业项目所在地召开。

投标人也可不参加标前会议，但应在规定日期内将需要澄清的问题以书面形式寄送给招标人，招标人汇集研究后统一进行书面解答。

7. 投标

物业服务企业在招标文件规定的投标截止日前进行投标。采取电子标的项目，投标人需要使用文件编制工具离线编制投标文件后，将已加密文件提交至网上交易平台。

8. 开标

开标是由招标人主持，邀请所有投标人参加，由投标人或者其推选的代表检查投标文件的密封情况，或由招标人委托的公证机构进行检查并公证，经确认无误后，由工作人员当众拆封并宣读投标人名称、投标报价的法定流程方式。

通常情况下，开标时间在招标文件中一般会安排在递交投标书的截止日，如有特殊情况需要推迟的，必须事先以书面形式通知各投标人。

开标时出现招标人认为投标人投标价过高或无法达到招标文件所规定的服务要求；合格投标文件过少，不能保证一定的竞争性等情况，可宣布投标作废。宣布投标作废后，招标人应重新组织招标。

在电子模式下，开标地点也从有形场所转移至网上开标大厅。同时，所有投标人均应当准时在线参与开标，并对其投标文件进行解密。对于这一关键要求，应当在招标公告中特别说明。

9. 评标

评标是指开标之后评标委员会按照招标文件规定的评标标准和方法，客观、公正地对投标文件进行评审和比较，并由评标委员会向招标人推荐中标候选人的过程。

物业管理项目评标常用的方法有两种：一是最低价评标法，二是综合评分法。无论采取哪种方法，招标文件设有拦标价的，都不应超过拦标价，否则为废标。

10. 定标

定标是指招标人根据评标委员会对所有标书的筛选评定结果最终确定中标人的过程。

评标委员会完成评标后，应向招标人提供书面评标报告，推荐合格的中标候选人。

招标人依据评标委员会提交的书面评标报告及推荐的中标候选人名单，结合投标人的整体情况和投标文件（包括报价）进行综合评估，以确定最终的中标人。此外，招标人也有权将确定中标人的权力委托给评标委员会。

第二节 物业服务企业招标信息的获取

物业管理的行业特点决定了物业服务企业的生存必须建立在市场竞争的基础上，因此开拓市场已经成为物业服务企业的共识。在开拓市场时，获取信息是一项基础性工作，是展开项目拓展的第一步，获得项目信息越早，就越能为投标争取到更多的时间。物业招标信息的获取有以下几种途径。

1. 定期做市场调查

物业服务企业要想在市场竞争中立于不败之地，必须密切关注市场的发展状况。企业要定期对在建项目和已有项目，包括对住宅、机关、办公、学校、医院等各种类型物业及其周边的消费状况、行业环境和竞争对手的发展状况进行调查分析，形成详细的信息调查报告和信息记录，对项目的面积、地址、建设单位、联系人等进行详细的登记。市场调查获取信息的方式相比其他途径而言难度更大、成本更高，但获得这些信息的时间往往比较早，有充分的时间和招标人沟通，便于及早了解招标人对物业管理的态度和动向，尽早介入投标过程中。另外，市场调查不仅仅是获取信息，也是物业服务企业市场发展所需完成的一项基本工作，为企业制定发展战略提供重要的参考依据。

2. 从公开媒体上获取

公开招标的项目大多会选择在公共媒体上发布招标信息。常见的媒体有报纸和网站。国内专业网站有：中国招投标网（政府采购官方网站）；全国招标信息网；中国物业招投标网；各省市地区直属招投标官方网站、政府采购类网站；各省市地区房屋管理部门下属的物业招投标网；等等。

3. 客户主动联系

采取邀标方式选聘物业服务企业的及委托招标代理机构运作招标的一些项目，会主动邀请企业参加。物业服务企业要想获得客户主动联系，需要提高公司的品牌感召力，提供优质的服务，开展有效的宣传，提高公司在行业内的知名度，提高在业主心目中的可信度。要想做好有效的宣传工作，可以多参加行业活动，制作公司网站并进行推广，以便被各大搜索引擎收录。

4. 他人提供

积极开发企业的人脉关系，发动员工和朋友献计献策也是一种好方法。这种方式获得的信息，往往更便于跟业主沟通，可以直接了解招标人的招标意图和整体构想，因此中标成功率高。要确保此项工作顺利开展，需要企业建立一套持续的激励机制，正确引导和激励此项工作持续发展。

第三节 物业服务企业投标的准备

1. 取得招标文件

收到投标邀请信的物业服务企业，可直接到发出邀请信的招标方处购买招标文件。获得招标公告信息并通过经营资质预审的物业服务企业，也可按规定程序购买招标文件。如果是电子标，登录所投项目的网络交易平台，根据要求下载招标文件。

2. 熟悉招标文件并考察物业现场

取得招标文件后，首先应详细阅读全部招标文件内容，并对现场进行实地考察，有时开发商或业主委员会会组织投标者统一参观现场并举行一些必要的介绍活动。物业服务企业应对招标文件中的各项规定，如开标时间、定标时间、投标保证金、履约保证金、奖罚措施等了解清楚，并做好相应准备，尤其是对图纸、管理服务标准、范围和要求，应仔细阅读和了解。

3. 详细列出管理服务方法和工作量

根据招标文件中物业情况和管理服务范围、要求，详细列出完成所要求管理服务任务的方法和工作量、特约量、维修更新管理方法和工作量等。

4. 确定单价，估算管理服务费总额

物业服务企业要对劳动力市场价格进行专题分析研究。由于每一物业情况不同，其管理服务范围、标准不同，因此不能套用一种单价，具体问题应具体分析。同时要弄清竞争对手的情况，在确定单价时要从战略、战术上进行研究。一旦单价确定下来，与工作量相乘，即可得出管理服务费总标价。这里要注意，物业服务企业的人员工资不得低于当地的最低工资标准，业主对物业服务企业从业人员有各种保险要求的，用人单位必须按照业主的要求给从业人员缴纳各种保险，且不得低于当地最低标准。

第四节 物业服务企业投标文件的制作及送达

一、编制投标文件的准备工作

1. 各项资料准备

编写投标文件，物业服务企业需要准备以下资料。

（1）收集企业的资料和相关证明文件，包括企业的组织机构、资质证书、业绩证明资料等。

（2）公司以往获得的荣誉证书。

（3）项目负责人及有关人员的学历证明、职称证明、各种上岗证、职业证明、社保证明等资料。

（4）招标文件中要求的其他资料。

2. 项目的深入调研

在进行投标文件的编制之前，投标小组应再次对该物业进行考察，深入了解该业主委员会的意愿、项目特点、业主结构特点及其需求等，做到“知己知彼”，使得物业管理方案切实可行。

3. 制定标书策略

通过市场调研和对竞争对手的了解，制定标书策略，突出企业的优势和特点。

4. 组织团队

要有专业人员组成团队，分工明确，确保每个环节的质量。

二、编写投标文件

1. 设计封面

封面是标书的门面，在设计时应保证简洁、美观、高质量，企业名称和标志、项目名称、招标人名称、标书编号等必须清晰明确。

2. 制作目录

标书的目录应排列有序，按照章节的层次逐级展开，以便评标时查看。

3. 编写正文

标书的正文应该内容丰富、表述清晰、逻辑性强，突出企业的优势和特点。标书内容应包含企业介绍、服务项目、服务流程、服务质量控制、人员配备以及企业监督机制等方面的内容。

4. 技术方案

对招标人提出的技术要求，应详细介绍企业相应的服务技术和服务方案。方案应该具有可行性和针对性，突出企业的专业性和实力。

5. 商务方案

商务方案是招标人在评审标书时的重要依据。要清晰明确地阐述服务价格、收费标准、支付方式等。

6. 项目实施计划

项目实施计划应该包括服务的时间、地点、人员配置、服务流程等，以确保服务的高效、顺利。

三、递送投标文件

递送投标文件也称递标，是指投标人在招标文件中要求的提交投标文件的截止时间前，将准备好的所有投标文件密封，送至投标地点。如果是电子标，需要在规定的时间前，将电子标在网络平台上填好并提交。

1. 投标文件的密封与标志

（1）投标人应将投标文件的正本和副本分别密封在内层包封内，再密封在一个外层包封内，并在内包封上注明“投标文件正本”或“投标文件副本”；在内层包封和外层包封的封口加封条密封，并在齐缝处加盖法人印章。

（2）外层和内层包封上都应写明招标人和地址、合同名称、投标编号，并注明开标时间以前不得开封。在内层包封上还应写明投标人的邮政编码、地址和名称，以便投标出现逾期送达时能原封退回。

（3）对于银行出具的投标保函，要按招标文件中所附的格式由企业业务银行开出，银行保函可用单独的信封密封，在投标函内也可以附一份复印件，并在复印件上注明“原件密封在专用信封内，与本投标文件一并递交”。

2. 投标文件递交

投标人应在招标文件中规定的投标截止日期之前递交投标文件。因补充通知、修改招标文件而酌情延长投标截止日期的，招标人和投标人截止日期方面的全部权利、责任和义务，将适用延长后的新的投标截止日期。在递交投标文件后到投标截止时间之前，投标人可以对所提交的投标文件进行修改或撤回，但所递交的修改或撤回通知必须按招标文件的规定进行编制、密封和标志。递交投标文件不宜过早，以防市场和竞争对手发生对自己不利的变化。

四、编制和递送投标文件应注意的问题

（1）投标文件中的每处空白都须填写，如有空缺，则被认为放弃意见；重要数据未填写，可能被作为废标处理。

（2）递交的全部文件必须按要求签字，若填写时出现错误不得不修改，则应在修改处签字。

（3）不得不改变标书的格式时（如原有格式不能表达投标意图），可另附补充说明。

（4）投标文件的编制，必须对招标文件进行实质性响应。

（5）投标文件应字迹清楚、整洁，纸张统一，装帧美观大方。

（6）计算数字要准确无误，对单价、合计、分部合计、总标价及其大写数字均应仔细核对。

（7）标书的排版应该整洁、美观，字体和字号应该统一。标书的布局要合理，注重版面的视觉效果。

（8）标书排版后，需要进行多次校对，确保标书中没有拼写错误或语法错误。

（9）标书的印刷质量要高，要选用优质纸张，印刷效果要清晰美观。标书要按规定的数量进行印刷和装订。

第五节　中标后的管理工作

中标至签约前，一要办妥履约保证书和各项保证手续，以便送交业主，确保及时签约。二要保存好投标文件、标书、图纸以及同业主的来往信件，以备考查。三要经常核对物业中的项目与内容同原标书、图纸是否相符。四要熟悉合同中的每一项条款，合同中已有规定的，一切要按合同规定办事。

第十章 物业的接管验收

物业的接管验收是指接管公司对建设单位或个人托管的新建房屋或原有房屋等物业，以主体结构安全和满足使用功能为主要内容的再检验。

物业的接管验收有不同类型。例如，按照接管验收主体的不同，分为政府有关部门的验收、建设单位的验收、物业服务企业的验收；按照接管验收的标的物不同，分为新建物业的接管验收和原有物业的接管验收。

接管验收的主要内容包括验收的准备工作、资料的接管验收、硬件设施设备验收和验收遗留问题的处理等。

第一节 物业接管验收的准备工作

新建物业竣工验收后、业主入住前，物业服务企业应及时组建物业接管验收小组，对所接管的物业进行综合的接管验收，以确保所接管物业基本合格，满足业主的质量要求。

在接到物业服务企业领导的接管验收指令后，企业各相关部门应立即按照领导要求，抽调业务骨干组成物业接管小组。接管验收小组应当由以下部门人员组成：企业行政部抽调档案管理人员负责接管物业的产权、工程、设备资料的验收移交工作；管理处公共事务部抽调业务骨干负责业主资料的验收移交协助楼宇的验收移交工作；管理处工程部抽调业务骨干具体负责房屋主体、公共设施和机电设备的验收移交工作。

在接管验收新建物业之前，接管验收小组应做好以下准备工作：与开发商联系好交接事项、交接日期、进度、验收标准等；派出技术人员前往工地现场摸底，制定接管验收计划；提前参与开发商申请的竣工验收和机电设备最终安装、调试工作，做到心里有数；准备好《房屋主体接管验收表》《公共配套设施接管验收表》《机电设备接管验收表》《接管验收问题整改表》等接管验收记录表格。

第二节 物业接管验收程序及应提交的资料

一、物业接管验收的条件

1. 新建房屋接管验收的条件

根据 2010 年中华人民共和国住房和城乡建设部颁布的《物业承接查验办法》中的规定，建设单位应当在物业交付使用 15 日前，与选聘的物业服务企业完成物业共用部位、共用设施设备的承接查验工作。

实施承接验收的物业，应当具备以下条件。

（1）建设工程竣工验收合格，取得规划、消防、环保等主管部门出具的认可或者准许使用文件，并经建设行政主管部门备案。

（2）供水、排水、供电、供气、供热、通信、公共照明、有线电视等市政公用设施设备按规划设计要求建成，供水、供电、供气、供热已安装独立计量表具。

（3）教育、邮政、医疗卫生、文化体育、环卫、社区服务等公共服务设施已按规划设计要求建成。

（4）道路、绿地和物业服务用房等公共配套设施按规划设计要求建成，并满足使用功能要求。

（5）电梯、二次供水、高压供电、消防设施、压力容器、电子监控系统等共用设施设备取得使用合格证书。

（6）物业使用、维护和管理的相关技术资料完整齐全。

（7）法律、法规规定的其他条件。

2. 原有房屋的接管验收条件

（1）房屋所有权、使用权清楚。

（2）土地使用范围明确。

二、物业接管验收的程序

1. 新建房屋的接管验收程序

确定物业接管验收方案—移交有关图纸资料—查验共用部位、共用设施设备—解决查验发现的问题—确认现场查验结果—签订物业承接查验协议—办理物业交接手续。

2. 原有房屋的接管验收程序

①移交人书面提请接管单位接管验收。②接管单位按接管验收条件和应提交的资料逐项进行审核，对具备条件的，应在15日内签发验收通知并约定验收时间。③接管单位会同移交人对原有房屋的质量与使用功能进行检验。④对检验中发现的危损问题，按危险和损坏问题的处理办法处理。⑤交接双方共同清点房屋、装修、设备及定、附着物，核实房屋使用状况。⑥经检验符合要求的房屋，接管单位应签署验收合格证，签发接管文件，办理房屋所有权转移登记（若无产权转移，则无须办理）。

三、物业接管验收应提交的资料

1. 新建房屋接管验收应提交的资料

新建房屋，接管验收20日前，建设单位应当向物业服务企业移交以下资料。

（1）竣工总平面图，单体建筑、结构、设备竣工图，配套设施、地下管网工程竣工图等竣工验收资料。

（2）共用设施设备清单及其安装、使用和维护保养等技术资料。

（3）供水、供电、供气、供热、通信、有线电视等准许使用文件。

（4）物业质量保修文件和物业使用说明文件。

（5）承接查验所必需的其他资料。

未能全部移交前款所列资料的，建设单位应当列出未移交资料的详细清单并书面承诺补交的具体时限。

2. 原有房屋接管验收应提交的主要资料

（1）产权资料包括：①房屋所有权证；②土地使用权证；③有关司法、公证文书和协议；④房屋分户使用清单；⑤房屋设备及定、附着物清单。

（2）技术资料包括：①房地产平面图；②房屋分间平面图；③房屋及设备技术资料。

第三节　物业接管硬件设施设备验收内容

一、新建房屋的接管验收内容

物业服务企业应当对物业的共用部位、共用设施设备进行现场检查和验收。

共用部位：一般包括建筑物的基础、承重墙体、柱、梁、楼板、屋顶、外墙、门厅、楼梯间、走廊、楼道、扶手护栏、电梯井道、架空层及设备间等。

公用设备：一般包括电梯、水泵、水箱、避雷设施、消防设备、楼道灯、电视天线、发电机、变配电设备、给排水管线、电线、供暖及空调设备等。

公用设施：一般包括道路、绿地、人造景观、围墙、大门、信报箱、宣传栏、路灯、排水沟、渠、池、污水井、化粪池、垃圾容器、污水处理设施、机动车（非机动车）停车设施、休闲娱乐设施、消防设施、安防监控设施、人防设施、垃圾转运设施以及物业服务用房等。

二、原有房屋的接管验收内容

（1）以危险房屋鉴定标准和国家有关规定作为检验依据。

（2）从外观检查建筑物整体的变异状态。

（3）检查房屋结构、装修和设备的完好或损坏程度。

（4）检查房屋使用状况，评估房屋现有价值，建立档案资料。

第四节　物业接管验收遗留问题的处理

物业的接管验收是直接影响今后物业管理工作能否正常开展的重要环节，物业服务企业要高度重视，严格把关，特别要注意以下事项。

1. 根据《房屋接管验收标准》认真逐项验收

对于在验收中发现的问题，物业服务企业要及时记录，并请移交单位签字确认，以便明确责任，督促其改正。

2. 落实物业的保修事宜

建筑工程的质量保修期，一般是从办理交接手续之日起算的。根据《建设工程质量管理条例》第四十条规定："在正常情况下，建设工程的最低保修期限为：（一）基础设施工程、房屋建设的地基基础工程和主体结构工程，为设计文件规定的该工程的合理使用年限；（二）屋面防水工程、有防水要求的卫生间、房间和外墙面的防渗漏，为 5 年；（三）供热与供冷系统，为 2 个采暖期、供冷期；（四）电气管线、给排水管道、设备安装和装修工程，为 2 年。"

物业服务企业应与建设单位以合同形式，明确保修项目的内容、进度、原则、责任及方式等。

3. 重视书面移交手续

物业服务企业应认真对移交单位提交的技术资料、产权资料的完整性和真实性进行核实，尤其是发生工程设计变更后的图纸资料。

4. 写明接管日期，以便划清责任的界限

物业服务企业只对接管后的物业所产生的问题负责任，若在保质期内，非人为因素的问题仍由开发商或施工单位负责。若因开发商在施工验收合格后，未能及时移交给物业服务企业，致使物业服务企业接管后的设备保质期缩短，物业服务企业应向开发商提出补足原有保质期的要求。

第十一章　物业入住手续的办理

入住是物业管理前期服务中重要的基础工作，也是物业管理操作过程的难点和重点之一。与前期介入等物业管理工作不同的是，物业入住服务政策性强、涉及面广、管理难度大，容易导致物业服务企业与业主（或物业使用人）之间发生矛盾和冲突。

第一节 入住服务的内容

一、入住服务的含义

入住服务是指建设单位将已具备使用条件的物业交付给业主并办理相关手续，同时物业服务企业为业主办理物业管理事务手续的过程。对业主而言，入住服务的内容包括两个方面：一是物业验收及其相关手续的办理；二是物业管理有关业务的办理。

入住涉及建设单位、物业服务企业以及业主，入住的完成意味着业主正式接收物业服务企业，物业由开发建设转入使用，物业管理服务活动全面展开。

二、物业入住操作的模式

1. 以建设单位为主体，由物业服务企业配合的模式

此模式的核心内容是，建设单位具体负责向业主移交物业并办理相关手续，如业主需先到建设单位确认相关购房手续、业主身份，验收物业，提交办理房产证的资料，开具购买物业的正式发票，逐项验收其名下物业的各个部分，领取钥匙等。在此基础上，物业服务企业再继续办理物业管理相关手续，如领取物业管理资料、缴纳相关费用等。

2. 建设单位将入住工作委托给物业服务企业，由物业服务企业代为办理入住手续的模式

这种情况多出现于物业管理早期和前期介入较深，建设单位楼盘较多、人力资源不足，或建设单位与物业服务企业系上下级单位，以及其他建设单位和物业服务企业协商认为必要等。

无论采用何种入住操作模式，物业入住服务的准备、内容、程序等都是一致的，但建设单位和物业服务企业各自的职责不同。从房产移交的角度而言，入住的实质均是建设单位向业主交付物业的行为，建设单位应承担相关法律责任和义务，物业服务企业只是办理相关手续。

三、入住时限

入住时限是指《入住通知书》规定业主办理入住手续的时间期限，当新建物业符合交付使用条件，建设单位和物业服务企业应通过有效途径或合理方法，如根据业主提供的通信方式与业主联系，例如电话、电报、信函、电子邮件等。在上述联系无效的情况下，通过登报、广播和电视公共传媒等方式向业主传递或传达物业入住信息，向业主适时发出入住通知，约定时间验收物业和办理相关手续。在通知业主的时候，要尽可能一次性告知办理相关手续时应携带的有关材料。

四、入住流程

1. 入住的准备

入住服务是物业服务企业首次直接面对业主提供相关服务，直接关系到业主对物业管理服务的第一印象。因此，物业服务企业要从各方面做好充分细致的准备，全面有效地保障业主入住。入住的准备包括资料的准备和其他准备。

（1）资料的准备。

办理入住前，物业服务企业需要准备的资料有：《住宅质量保证书》《住宅使用说明书》《入住通知书》《物业验收须知》《业主入住房屋验收表》《缴款通知书》《入住手续书》《楼宇交接书》和《业主（住户）手册》等。

（2）其他准备。

入住工作计划。建设单位和物业服务企业应在入住前一个月制订入住工作计划，由项目管理负责人审查批准，并报请上级主管部门核准。

入住仪式策划。为了提高小区整体形象，有效加强与业主、物业使用人的沟通，通常由物业服务企业根据物业管理的特点及小区的实际情况，组织举行入住仪式。参加人员有业主、物业服务企业代表、建设单位代表以及其他有关人员。

环境准备。在完成对物业的竣工验收和接管验收之后，物业服务企业要对物业共用部位进行全面彻底的清洁，为业主、物业使用人入住做好准备。同时，要布置好环境，保持道路通畅。遇有二期工程施工或临时施工等情况，要进行必要隔离，防止发生安全事故。

此外，还有一些琐碎的事项。包括：准备及布置办理入住手续的场地，如布置彩旗、标语，设立业主休息等待区等；准备及布置办理相关业务的场地，如电信、邮政、有线电视、银行等相关单位业务开展的安排；准备资料及预先填写有关表格，为方便业主，缩短工作流程，应对表格资料预先做出必要处理，如预先填上姓名、房号和基本资料等；准备办公用具，如复印机、电脑和文具等；制作标识牌、导视牌、流程图，如交通导向标志、入住流程、有关文件明示等；针对入住过程中可能发生的紧急情况，如交通堵塞、矛盾纠纷等，制订必要的紧急预案。

2. 入住流程

入住流程见图 11-1。

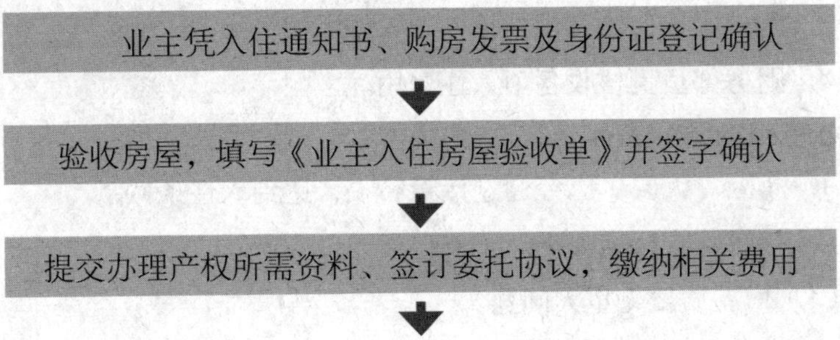

签署有关物业管理服务约定等文件

↓

缴纳当期物业服务等有关费用

↓

领取《业主（住户）手册》等相关文件资料

↓

领取房屋钥匙（入住过程完结）

图 11-1　入住流程图

五、办理入住常用表格示例

1. 某物业服务企业入住管理控制程序表，见表 11-1

表 11-1　某物业服务企业入住管理控制程序表

<table>
<tr><td rowspan="2">程序名称</td><td rowspan="2">入住管理控制程序</td><td>受控状态</td><td></td></tr>
<tr><td>编　号</td><td></td></tr>
<tr><td colspan="4">一、目的
规范业主 / 住户入住管理工作，确保业主 / 住户顺利入住。
二、适用范围
适用于业主 / 住户入住的管理工作。
三、职责
1. 客户服务部经理负责业主 / 住户入住全面管理工作。
2. 客户服务主管负责协助经理安排业主 / 住户入住工作。
3. 客户服务专员负责具体办理入住手续。
4. 财务部负责核收各项入住费用。
四、办理入住的前提条件
1. 小区（大厦）已经通过接管验收，达到入住条件。
2. 接管验收标准如下。
（1）房屋质量无重大问题。</td></tr>
</table>

（2）工程遗留问题基本得到解决。

（3）工程资料已经齐备。

（4）业主档案资料已经移交完毕，产权确认工作已经结束。

（5）达到入住的条件，具体条件包括以下内容：

①小区实现通路、通水、通电、通气、通信、通邮、排水、排污等基本使用功能，可以满足日常生活所需；

②配套设施基本齐备，建成并能够使用；

③客户服务部有固定的办公场所并开始办公。

3. 物业服务企业已经同委托方签订《物业管理委托合同》。

五、入住准备工作

1. 入住资料准备如下。

（1）根据小区的实际情况编写和印制《业主公约》《住户手册》《服务指南》《消防安全责任书》《入住通知书》。

（2）《入住通知书》的内容要写明物业服务企业办公地点、业主办理入住手续时应带的资料、证件及交纳的费用明细，并附简明扼要的入住流程等。

（3）印刷以下入住表格：

①《业主证领用登记表》；

②《住宅使用说明书》；

③《住宅质量保证书》；

④《钥匙领用登记表》；

⑤开发商提供的《入住验房表》；

⑥《业主家庭情况登记表》；

⑦《入住手续书》。

2. 设计办理入住手续流程图。

3. 入住时的环境布置：涉及服务标识的布置按《服务标识管理标准作业规程》有关规定办理。

（1）区内环境。

①入口处挂欢迎横幅，插彩旗，营造热烈的氛围；

②设指路牌，由入口处到客户服务部沿途设指路牌，指路牌标明“××× 客户服务部”字样；

③入口处标明客户服务部办公地址和办公时间。

（2）客户服务部办公环境。

①挂灯笼、小彩带，摆放花篮、盆景，给人以隆重、喜庆的感觉；

②张贴醒目的“办理入住手续流程图”，办理手续窗口设置要求做到“一条龙服务”，各窗口标识清楚，一目了然；

③管理人员着装整洁，精神饱满；

④办公室内资料摆放整齐有序。

六、发出入住通知

1. 客户服务部依据议定的入住时间，会同开发商联合向业主发出入住通知，主要包括以下内容。

（1）《关于办理入住手续的通知》。

（2）《致广大业主的慰问信》。

2. 业主收到入住通知后，应当在规定的时间内带齐有关证件和资料到客户服务部办理入住手续。如果在规定的截止日期前 3 天内，业主仍未办理入住手续，客户服务专员应再次发函或致电通知尚未办理入住手续的业主前来办理入住手续；超过规定期限未办理入住手续的，客户服务部应将情况向客户服务部经理汇报，由经理决定是否登报催办。业主办理入住手续须带以下证件。

（1）《关于办理入住手续的通知》。

（2）《购房合同》原件和复印件各一份。

（3）业主及家庭成员的身份证原件及复印件各一份，小一寸彩照每人两张。

（4）若为单位购房，则需额外携带营业执照副本及复印件各一份。 （5）委托他人办理的，代办者须带业主委托书。 **七、入住手续办理** 1. 验证 客户服务专员在业主前来办理入住手续时，应首先对以下证件进行检查。 （1）《购房合同》原件。 （2）业主的身份证原件。 （3）若为单位购房，还须检查其单位营业执照副本。 （4）委托他人办理的，还须检查业主的委托书。 2. 检查无误后，客户服务专员将《购房合同》原件、业主及家庭成员的身份证原件、单位营业执照副本返还业主，证件复印件及业主委托书存入业主档案。 3. 将业主提供的一张照片贴在《业主家庭情况登记表》内，另一张照片用于为业主办理《业主证》。 4. 交纳入住费用 客户服务部指引业主到财务部缴纳入住费用，财务部根据收款项目开具收款收据。一般情况下，入住费用包括以下项目。 （1）煤气开户费：属代收代缴费用，小区无此配套项目的不予收费。 （2）有线电视初装费：属代收代缴费用，小区无此配套项目的不予收费。 （3）水电押金：实行抄表到户的小区不需收取，未实行抄表到户的可适当收取。 （4）管理费：从入住之日起计算当月管理费。 **八、验房收楼** 1. 客户服务专员在业主交完入住费用后带业主验房，并请业主将房屋存在的问题填入《业主入住验房表》中。

2. 房屋验收合格的，客户服务专员应请业主在《业主入住验房表》中签字确认。 3. 验收中发现问题，业主要求搬入或二次装修前维修的，客户服务部应通知开发商在一周内给予解决，并将整改结果通知业主。 （1）开发商一周内未整改完毕的，应将整改情况反馈给业主，并告知具体再验收时间。 （2）整改完毕后，由客户服务专员通知业主二次验收。若二次验收仍不合格，由客户服务主管进行跟进，并依据物业服务企业同开发商签订的《物业管理委托管理合同》中的保修条款要求开发商尽快解决。 4. 发放钥匙 （1）业主房屋验收无问题或要求在搬入后再行维修的，客户服务专员应将业主房屋钥匙全部交给业主。 （2）业主房屋验收有问题，客户服务专员在将钥匙交给业主的同时，应留下一把大门钥匙以供维修时用。 （3）业主领取钥匙时，客户服务专员应要求业主在《钥匙领用表》内签名确认。 5. 签署《业主公约》和《消防安全责任书》 （1）客户服务专员将《业主公约》《消防安全责任书》（一式两份）交给业主并请业主详细阅读。 （2）请业主签署《业主公约》《消防安全责任书》。 （3）客户服务专员将签署后的《业主公约》《消防安全责任书》其中一份存入业主档案，另一份随其他资料交业主保存。 6. 资料发放 客户服务专员将以下资料发给业主保存并要求业主在《资料领取清单》上签名。 （1）《住户手册》。 （2）《住户指南》。

续表

（3）签署后的《业主公约》。 （4）签署后的《消防安全责任书》。 （5）《住宅使用说明书》。 （6）《住宅质量保证书》。 7. 开通水电 （1）客户服务专员应邀请业主一起将水电表读数抄录在《业主入住验房表》中。 （2）客户服务专员通知工程管理部开通该业主房屋的水电。					
相关说明					
编制人员		审核人员		批准人员	
编制日期		审核日期		批准日期	

2. 入住通知书示例，见表 11-2

表 11-2　入住通知书示例

文件名	入住通知				
电子文件编码		页 码		版 次	
公司 / 女士 / 先生： 您好！您所认购的 ______________________ 大楼 ____ 层 ____ 室已于 ____ 年 ____ 月经 ____ 省 / 市 ____ 单位验收部门和 ________________ 房地产开发公司、________________ 建筑工程公司、__________ 物业服务企业等组成的验收小组验收合格，准予入住。					

一、请您接到本通知后按附表规定的时间前来办理入住手续。在此期间内，房产公司财务部、地产部、物业管理公司等有关部门将到现场办公，一次办完手续，为您提供快捷方便的服务。

二、如果您因公事繁忙，不能亲自前来，可委托他人代办。代办时，除带齐相关的文件外，还应带上您的委托书、公（私）章和身份证。

三、如果您不能在附件中规定的时间内前来办理手续，可以在＿＿年＿＿月＿＿日后，到＿＿＿＿＿＿＿＿＿＿＿＿房地产开发公司（地址：＿＿＿＿＿＿＿＿＿＿＿＿＿＿）先办财务及收楼手续，再到＿＿＿＿＿＿＿＿＿＿＿物业管理公司（地址：＿＿＿＿＿＿＿＿＿＿＿＿＿＿＿）办理入住手续。

在您来办理各项手续前，请仔细阅读《入住手续书》《收楼须知》《缴款通知书》。

特此通知

房地产开发有限公司
物业服务企业

年　　月　　日

3. 入住须知示例，见表 11-3

表 11-3　入住须知

文件名	入住须知

公司 / 女士 / 先生：

欢迎您成为______________业主！为减少您的麻烦，请按以下提示办理入住手续。

一、持购房合同、本人身份证及复印件前往物业管理部交验，登记后领取入住手续书。

二、请持入住手续书到办公室交清下列费用，并请办公室盖上已交费印章。

序号	项目	收费标准	金额	备注
1	综合押金			
2	预交管理费			
3	水电保证金			
4				

三、持《入住手续书》到物业服务部领取用户手册等资料，听取情况介绍，签订入住（租）议书。

四、物业服务部查验《入住手续书》后发放钥匙，与业主验收交接。

五、如有疑问请向管理人员咨询。

4. 收楼须知示例，见表 11-4

表 11-4 收楼须知

文件名	收楼须知
	欢迎阁下成为 ____________ 楼宇新业主： 我公司为提供良好的管理服务，兹先介绍有关收楼事项和有关收楼程序，避免您在接收新楼时，产生遗漏而引致不便。 一、业主在接到楼宇入住通知书之日起（以邮戳为准）______个月内，到本公司办理产权登记和入住手续。逾期办理者，每逾期 1 天，应缴纳人民币 ______ 元的逾期金。超过半年不办理登记手续的房产，由房产管理单位代管；代管 3 年仍不办理登记手续，视为无主房产，交由有关部门依法处理。 二、收楼时，请认真查看室内设备、土建装修等是否损坏或未尽妥善。如有投诉，请在收楼时书面告知管理处。管理处将代表业主利益就业主提出的投诉与楼宇承建单位协商解决。 三、根据楼宇承建合同，楼宇维修保养期为 2 年。维修保养期间，如损坏因工程质量所致，承建单位将为业主免费修理。如损坏因业主使用不当，则由业主自行支付费用。 四、业主有权对其住宅单元进行装修、维修，但应保证绝对不私自进行施工。装修、维修前，业主须向管理处提出书面申请，获准后方可进行，并按规定时间和要求进行装修。 五、在房地产开发公司财务部办理的手续 1. 付清购楼余款（分期付款购楼者，办理按揭手续）。 2. 携带已缴款的各期收据换取正式发票。 3. 在《入住手续书》（1）上盖章。

六、在房地产开发公司地产部办理的手续

验清业主身份。业主最好能亲临地盘接受楼宇。并请带上：

（1）《入住手续书》。

（2）业主身份证或护照。

（3）买卖合同。

2. 若业主不能亲临收楼，可委托他人代理。所委托的代表除了带上《入住手续书》、买卖合同外，还应出具：

（1）业主的授权书（由律师签证）。

（2）业主身份证或护照复印本。

（3）代理人的身份证或护照。

在《入住手续书证》（2）上盖章。

七、应在物业管理公司财务部办理手续

1. 缴付下列各项管理费用：

（1）预收管理费 ______ 个月（模拟收费）。

（2）水电管理备用金 ______ 元（用于供水、供电、机电、电梯、消防设备等重要设备的更新及突发事故抢修时的储备资金）。

（3）第一年的采暖费 __________ 元（按建筑面积收取，开具发票 __________ 元 / 每平方米）。

（4）建筑垃圾清运费 __________ 元（清理业主入住装修时产生的建筑垃圾所预收的押金，半年后或装修完毕后，按规定清退）。

2. 缴付其他费用：

（1）安装防盗门，__________ 元 / 户。

（2）安装防盗窗花，__________ 元 / 户。

在《入住手续书证》（3）上盖章。

八、在管理处应办的手续

1. 管理处工作人员带领业主验收其所购物业并由业主签字。

2. 管理处介绍入住的有关事项以及接受业主的查询，并将《住

续表

户手册》《管理规约》发给业主。

3. 业主在入住手续书（4）上盖章或签字，然后交由管理处保存。

4. 管理处正式把业主所购物业的钥匙交给业主。

5. 入住验房表示例，见表 11–5

表 11–5　某物业服务企业业主入住验房表

座　单元　室							验收日期：　年　月　日					
业户姓名			工作单位				联系电话				备注	
验收详细内容												
验收项目	顶棚	墙面	地面	门	门锁	窗	天线插座	照明灯	开关	插座	防盗窗花	备注
客厅												
餐厅												
主卧												
次卧												
厨房												
卫生间												

验收项目	天棚	外墙面	地面	地漏	防盗网	照明灯	排水管	晾衣钩
主阳台								
次阳台								

验收项目	地漏	排水管	给水管	给水闸阀	洗涤盒	洗涤龙头	厕所坐便	坐便水箱	花洒	水龙头	煤气管道	煤气阀门
厨房												

续表

卫生间												
验收项目	室内配电箱	电气开关	门铃	电子对讲器	煤气表（底数）	水表（度数）	电表（度数）					
业主验收意见： 业户签字：						客户服务人员意见： 楼管员签字：						

填写说明：以上项目合格的打“√”，存在问题和异议的简要说明。

6. 房（铺）交接书示例，见表 11-6

表 11-6　房（铺）交接书

文件名	房（铺）交接书
甲方：________________房地产开发公司 乙方：________________业主 鉴于甲方所开发的物业________________已竣工，并且经市有关部门鉴定合格。业主购买的楼______层______室已具备入住条件，可以入住。开发商和业主双方均同意签署本房（铺）交接书，以便开发商将业主所购买的该单元房屋通过本房（铺）交接书正式移交给业主。业主已检查了该单元的建筑质量和初装修情况，双方一致认为，该单元可以交付给业主，业主可以接受该单元。因此，双方签订本交接书，并确认下列条款：	

续表

一、双方确认，自 ______ 年 ______ 月 ______ 日起，该单元由开发商交付给业主。 二、业主在此确认已收到该单元钥匙。 三、开发商确认，尽管该单元已交付给业主，但其仍负有《房（铺）销售合同》中规定的保修义务。 四、业主同时确认，该单元的建筑质量和初装修质量符合双方所签《房（铺）销售合同》的规定，业主并无异议。 五、双方一致同意，有关业主购买的该单元产权登记事宜，均委托 ______ 律师事务所办理，开发商予以协助，有关税费按国家规定分别由双方各自承担。 六、本交接书自双方签字之日起生效。 七、本交接书一式两份，双方各执一份。 开发商（代表）签字： 业主签字： 年　　月　　日

第二节　入住服务应注意的问题

一、入住服务准备工作要充分

物业入住在物业管理中是一项烦琐细致的工作，既要求快捷高效，又要求井然有序。由于业主普遍缺乏物业入住的相关知识和经验，经常会存在相关资料准备不足和对物业入住管理等缺乏认识的问题，加之业主入住又是短时间内集中办理的，工作的频率和密度高、劳动强度大，因此，一定要充分做好物业入住的各项准备工作。

物业入住准备工作的核心是科学周密的计划。在进行周密计划和进行资料准备及其他准备工作的同时还应注意以下四个方面的工作。

一是人力资源要充足。现场引导、办理手续、交接查验、技术指导、政策解释、综合协调等各方人员应全部到位，协同工作。如现场出现人员缺位，其他人员或机动人员应及时补位。

二是资料准备要充足。尽管物业服务企业可通过一定管理方法有意识地疏导业主，避免业主过于集中，但业主的随意性是不可控的，因此，有必要预留一定余量的资料。

三是分批办理入住手续，避免因过分集中办理产生的混乱。为避免入住工作的混乱，降低入住工作强度，在向业主发出《入住通知书》时，应明确告知其入住办理时间，现场亦应有明确标识和提示，以便对业主进行有效疏导和分流，确保入住办理工作的顺利进行。

四是紧急情况要有预案。入住时由于现场人员混杂、场面较大，随时可能发生如治安、消防、医疗、纠纷等突发事件，建设单位及物业服务企业应预先设立各种处理方案，防患于未然。

二、入住期间需要注意的问题

业主入住实行一站式柜台服务，方便业主办理有关入住手续。在入住办理期间，物业建设单位、物业服务企业和相关部门应集中办公，形成一条龙式的流水作业，一次性地解决业主入住初期的所有问题，如办理入住手续，开通电话、有线电视等。

因故未能按时办理入住手续的，可按照《入住通知书》中规定的办法另行办理。

合理安排业主入住服务办理时间，适当延长办理时间。为方便业主入住，应根据业主的不同情况实行预约办理或实行弹性工作方式，如在正常工作时间之外另行安排入住手续的办理，或延长工作时间，如中午或晚上延时办公。

办理入住手续的工作现场应张贴入住公告及业主入住流程图，在明显位置张贴或摆放各类业主入住的标牌标识、作业流程、欢迎标语、公告提示等，方便业主了解掌握办理入住的所有流程，加快业主办理入住的进程。同时，现场摆放物业管理相关法规和其他资料，方便业主取阅，减轻咨询工作压力。对于重要的法规文件等，可以开辟公告栏进行公示。

指定专人负责业主办理入住手续时的咨询解答和引导，以便入住工作有秩序地顺利进行。入住现场应设迎宾、引导、办事、财务、咨询等各类人员，以方便业主的不同需要，保障现场秩序，解决各类问题。

注意安全保卫以及车辆引导。入住期间不仅有室内手续办理，还有现场验房等程序。而有些楼盘的现场施工尚未完结，现场人员混杂，故应注意业主人身安全和引导现场车辆有序摆放。

第十二章　物业装修的管理

物业装修是指业主或使用人为了改善居住、办公或生产环境，对自有、购置或租赁物业产权面积范围内的地面、墙面、厨房、卫生间和洁具、天花板、门、窗、水、电、通信等进行修饰处理的建筑活动和过程。

装修管理是物业服务企业根据《住宅室内装饰装修管理办法》、政府有关法规、条例等，受开发商或全体业主委托，监督物业管辖范围的业主或使用权人在物业装修过程中符合规范，保证结构安全、物业管理、消防、供水、供电、燃气、环境保护等符合要求。

第一节　物业装修的申报及审批

一、装修申报

业主在物业装修前，必须进行装修申报。申报登记应当提交下列材料。

①房屋所有权证（或者证明其合法权益的有效凭证，例如业主授权书）。②申请人身份证件。③装饰装修方案及开、竣工时间。④变动建筑主体或者承重结构的，须提交原设计单位或者具有相应资质等级的设计单位提出的设计方案。⑤涉及拆改供暖管道和设施、拆改燃气管道和设施行为的，需提交有关部门的批准文件。⑥涉及住宅室内装饰装修超过设计标准或者规范增加楼面荷载的，应当由原设计单位或者具有相应资质等级的设计单位提出设计方案。⑦改动卫生间、厨房间防水层的，应当按照防水标准制订并提交施工方案，并做闭水试验，且必须委托具有相应资质的装饰装修企业承担。⑧委托装饰装修企业施工的，聘请的装饰装修施工队资质证明、项目负责人身份证、营业执照等复印件；如属简单装饰装修，由业主出具装饰装修担保书后，可不提供装饰装修施工队的资质证明等资料。⑨非业主的住宅使用人，还需

提供业主同意装饰装修的书面证明。

二、装修项目审批

装修项目审批流程如下。

①由业主或业主授权人填写《装饰装修工程申请表》。②将《装饰装修工程申请表》及施工资料交由物业服务企业管理处工程技术人员审核通过后，由管理处主任审批同意装饰装修。管理处根据申请项目，结合房屋结构及管线分布确定项目审批意见，同时，明确施工过程可能导致的一些问题及注意事项并提出保护措施，对许可范围应明确给予业主或使用人书面知会。③经审批同意后，物业管理处与业主签订《房屋装修协议书》，装饰装修施工负责人与管理处签订《装饰装修责任书》。

第二节 物业装修的管理

一、装修施工过程管理

施工期间，物业管理处需派人每日至少巡查一次装修施工情况，检查情况记录于《装修施工巡查记录表》，保安人员严格按人员进出小区有关管理规定对施工人员进行管理。装修管理的巡查有以下要点。

（1）检查装修户有无办理装修许可证。

（2）检查装修人员有无办理与装修户相符合的临时出入证。

（3）检查室内是否按照《装修手册》规定，配置相应的灭火器材。

（4）检查是否将装修材料、工具、装修垃圾等物品堆放在公共部位。

（5）提醒装修户不要开门施工，防止灰尘触动消防报警器。

（6）检查装修户是否有违禁物品（电炉、煤气罐等）。

（7）水、电。装修户进场施工时应提醒其做卫生间防水闭水试验，确保无渗漏，并通知楼下业户 / 住户前来共同检验；检查室内水管走向，查看有无破坏原有防水层，若破坏应及时联系业主，告知利害关系，要求其将防水破坏部位重新处理，并重新做闭水试验；管道铺设完毕后建议装修户对管道进行压力试验，确保接口无渗漏，同时要求水电工绘制水电走向图；检查装修户是否将无排水设施房间改为经常用水房间；检查室内多媒体信息箱中原有线路是否齐全；检查水电工在移动原有插座位置开墙槽时有无将墙体原预留横筋切断；应提醒装修户强电线路能否承受得了空调的负荷，若不能承受，应在地面处理前适当更换线路。

（8）泥瓦工。检查是否破坏和更改下水管道；检查排水立管有无检查口，若有应提醒装修人员做好标记，并建议业主做活动瓷砖，以便日后检修；检查是否违规拆除承重墙体；业主拆除非承重墙体时应在现场确认，拆除的建筑垃圾让其装袋运至指定位置；检查装修户是否改动原有厨房排烟口位置，若有改动应到现场监督予以指导。厨房安装热水器的装修户，客服管家及工程部人员应现场指定热水器墙排口安装位置；提醒装修户，在厨房墙砖贴好后可以申请安装燃气表；查看装修申请表中有无申请改动厨房排烟口位置，如有应提醒装修户应用切割机小心切割，防止碎片掉入烟道中，切割好后将原有止回阀装好并做好封闭工作，防止日后室内返烟。

（9）油漆。装修户粉刷油漆时严禁吸烟，应责令装修户务必关门施工；提醒装修户不要将油漆废料倒入下水管道中；油漆处理完毕后，提醒装修户可以安装对讲系统。

（10）木工。厨房、卫生间木工吊顶时，要求装修户做活动顶（可拆卸）；提醒装修户龙骨打孔深度不得超过 3.5 厘米，一是防止将楼板打穿，二是防止将楼板中预埋的线管打穿。在地面铺设地板前应提醒装修户提前申请水暖管道二次压力试验。

（11）窗户只能安装在室内，或在室外安装隐形防护网和夹层防护网。

（12）装修户不得安装可伸出室外的晾衣架。

（13）进行顶层屋顶花园装修时，应查看顶层住户是否将原来在屋顶花园内烟道拆除；地面需要做装饰的，应再次提醒做好防水工作，原有地面不可以拆除。

（14）装修户安装空调时，应尽可能地到现场指导与监督，要求其务必将空调外机安装在指定的空调机位。

（15）小区内已接入有线电视，所有装修户均不得安装卫星电视。

如发现下列情况，物业有关人员应按《违章装修的处理办法》处理。

①未按规定张贴施工许可证。②未按规定的施工时间施工。③超出申报范

围内的装修项目。④违反装修管理规定及国家相关的其他规定。

装修户就装修事项提出请求协助或帮助时，物业管理处应积极考虑并给予协助。

二、装修施工的竣工验收

装修竣工后的验收流程如下。

①装修施工结束后，由装修户和施工单位共同向物业服务企业提出验收申请。②物业管理处、工程管理部、装修户和施工单位共同对装修进行现场验收。③竣工验收合格的，由物业管理处、工程管理部负责人在《装修完工检查验收表》内签署“初验合格”，并签署姓名和日期。如发现违章装修情况，按《违章装修的处理办法》处理。④物业管理处收回施工证。⑤施工队当日清场离开。⑥装修验收合格并使用三个月后，物业管理处应对装修施工组织复验，复验无问题，由物业管理处、工程管理部负责人在《装修完工检查验收表》内签署“复验合格”后报物业经理审批。

三、违章装修的处理办法

1. 装修施工期间发现违规

装修施工期间发现违章装修的，物业管理处应立即要求装修户停止违规装修，并视情况采取以下方式进行处理。

（1）批评教育，立即整改。

（2）出具《违反装修规定整改通知书》，限期整改。

（3）出具《装修验收整改通知书》，对装修竣工验收中发现的问题限期整改。

（4）停水停电（报物业经理批准）。

（5）要求赔偿损失（报物业经理批准）。

2. 装修施工验收时发现装修户违规

装修施工验收时，如发现装修户违规装修，物业管理处、工程管理部协同对违规装修给楼宇安全、美观造成的危害程度做出评估，并视情况征得物业经理同意后，限期要求装修户恢复原状。

3. 根据《住宅室内装饰装修管理办法》第三十八条规定，住宅室内装饰装修活动有下列行为之一的，由城市房地产行政主管部门责令改正，并处罚款

①将没有防水要求的房间或者阳台改为卫生间、厨房间的，或者拆除连接阳台的砖、混凝土墙体的，对装修人处500元以上1000元以下的罚款，对装饰装修企业处1000元以上10000元以下的罚款。②损坏房屋原有节能设施或者降低节能效果的，对装饰装修企业处1000元以上5000元以下的罚款。③擅自拆改供暖、燃气管道和设施的，对装修人处500元以上1000元以下的罚款。④未经原设计单位或者具有相应资质等级的设计单位提出设计方案，擅自超过设计标准或者规范增加楼面荷载的，对装修人处500元以上1000元以下的罚款，对装饰装修企业处1000元以上10000元以下的罚款。

4. 未经城市规划行政主管部门批准，在住宅室内装饰装修活动中搭建建筑物、构筑物的，或者擅自改变住宅外立面、在非承重外墙上开门、窗的，由城市规划行政主管部门按照《中华人民共和国城市规划法》及相关法规的规定处罚。

四、装修档案管理

装修完工，通过验收，由物业助理收集、整理各装修单元装修资料，统一归档。装修档案应放入业主 / 住户档案内，保存期至业主 / 住户搬迁后。

五、装饰装修禁止的行为

根据《住房和城乡建设部关于进一步加强城市房屋室内装饰装修安全管理的通知》建办〔2023〕29号规定，禁止以下影响建筑主体和承重结构的行为。①未经原设计单位或者具有相应资质等级的设计单位提出设计方案，变动建筑主体和承重结构。②未经原设计单位或者具有相应资质等级的设计单位提出设计方案，超过设计标准或规范增加楼面荷载。③扩大承重墙上原有的门窗尺寸。④拆除连接阳台的砖、混凝土墙体。⑤其他影响建筑结构承载和使用安全的行为。

六、装修管理中应该注意的问题

1. 注意用电梯运送装修材料时的安全问题

水泥、沙石是常见的建材，在运输过程中容易洒落，电梯运货会使沙子、水泥等漏进电梯的零件中，导致安全隐患，物业管理要提醒装修户使用电梯运送装修材料时的安全问题。

2. 注意物品放置问题

在装修过程中，提醒装修户不要随手将物品放在窗口，也不要将废弃物从窗口丢下楼。

3. 注意消防火灾问题

施工现场物品杂乱，如木板、纸屑、油漆等堆放混乱，而且用电量大，极易导致火灾。

4. 注意结构破坏、超载问题

施工拆墙、穿管及装饰，损坏承重结构或钢筋保护层；使用超出房屋荷载指标的建筑材料，增加楼板承重，都会导致安全隐患的出现。

5. 注意渗漏问题

装修过程监管不严可能导致卫生间、浴室、厨房防水层破坏，导致渗漏现象，有时在装修完工后使用时才发现，由于渗漏影响楼下业主正常生活，装修户可能会因维修成本或其他因素的影响而不配合维修，导致管理过程中协调和处理困难，同时容易导致一些不必要的管理投诉和邻里纠纷。由于墙管凿槽、敲击天花板、外墙、导致天花板及外墙防水功能降低，影响防水功能，引起天花板及外墙渗水。

6. 注意堵塞问题

由于施工过程中保持措施不当，造成泥沙及混凝土进入管道，或施工工人将残留混凝土或杂物倒入管道中，引起管道堵塞，轻者堵塞支管，重者堵塞主管，导致首层或二层淹水，造成经济损失。

7. 注意短路问题

由于施工单位施工时，偷工减料，导致导线破损，短时间无法及时发现，使用一段时间后，导致电路短路，不便更换，给日后维护留下困难，给业主造成不便。

8. 注意治安安全问题

由于装修期间，出入小区、大厦人员较多且复杂，如果对装修人员监管不力，易导致盗窃、纠纷等事件的发生。

第四部分
物业服务的主要内容

物业服务企业的从业人员必须掌握房屋本体维修服务的范围及内容、设施、设备管理的内容、物业安全管理的内容、物业保洁及绿化管理的内容、客户日常服务管理的内容、物业管理中的典型紧急事件及处理的有关知识，熟悉物业管理纠纷的投诉与处理的内容，了解特约性服务及综合性经营服务的内容。

第十三章　房屋维修管理

第一节　房屋本体维修服务的范围及内容

一、房屋维修的概念

房屋维修是指房屋自建成到报废的整个使用过程中，为了修复因各种因素造成的房屋损坏，维护和改善房屋的使用功能，延长房屋的使用年限而进行的各种检修、维护和保养活动。

房屋具有使用期限长的特点，在使用过程中由自然因素、使用因素、生物因素、地理因素、灾害因素等导致房屋损坏，只有根据损坏程度的不同进行维修和改建，才能保护房屋的使用和安全，延长其使用年限，减少房屋的自然淘汰。

物业维修不仅是物业服务公司为住户提供的重要服务内容，也是保护城市房产的基本途径。物业维修包括物业服务公司对物业的日常保养，对破损物业的维修，以及对不同等级物业功能的恢复、改善、装修、装潢。

物业维修主要涉及开发商已完结的小中型工程项目。开发商甩项工程及大型修复、综合维修（成片轮修工程）、翻修工程（更新改造工程）不在物业维修范围内。

二、房屋维修的分类

（一）按房屋建筑类别分类

1. 按房屋建筑使用性质分类

（1）工业建筑。如各类冶金工业、化学工业、机械制造业等生产用的厂房、仓库等。

（2）民用建筑，主要包含以下两类。

①居住建筑，如住宅、公寓、宿舍等。

②公共建筑，如商店、学校、医院、办公楼、车站、体育馆、影剧院等。

2. 按房屋的层数分类

（1）低层建筑：1 ~ 3层。

（2）多层建筑：4 ~ 6层。

（3）中高层建筑：7 ~ 9层。

（4）高层建筑：10层以上。

3. 按房屋的建筑结构分类

（1）砖木结构建筑。指建筑物和墙、柱用砖砌筑，楼层、层架采用木料制作。

（2）混合结构建筑。承重的主要结构是钢筋砼、砖和木材建造的。

（3）钢筋混凝土结构建筑。承重的主要结构是钢筋混凝土建造的。

（4）钢结构建筑。承重的主要结构是钢材建造的。

（5）钢、钢筋混凝土结构建筑。承重的主要结构是钢、钢筋混凝土建造的。

（6）其他结构建筑。凡不属于上述结构的房屋都归此类，如竹结构、砖拱结构建筑等。

（二）按房屋维修工程分类

根据房屋的完损状况，一般把维修工程分为翻修、大修、中修、小修和综合维修工程等五类。

1. 翻修工程

凡需全部拆除、重新建造或利用少数主体构件进行改造的工程为翻修工程。包括原地翻修改建、移地翻修改建、小区复建房等。翻修工程主要适用于以下情况。

（1）主体结构全部或大部严重损坏，丧失正常使用功能，有倒塌危险的房屋。

（2）因自然灾害破坏严重，不能再继续使用的房屋。

（3）主体结构、围护结构简陋，无修理价值的房屋。

（4）地处陡峭易滑坡地区的房屋；地势低洼长期积水且无法排出地区的

房屋。

（5）国家基本建设规划用地范围内需要拆迁恢复的房屋。

翻修工程投资大，工期大，翻修后的房屋必须达到完好房屋的标准。

2. 大修工程

凡需牵动或拆换部分主体构件和房屋设备，不需全部拆除，一次费用在该建筑物同类结构新建造价的 25% 以上的工程为大修工程。大修工程主要适用于以下情况。

（1）主体结构的大部分严重损坏、无倒塌或有局部倒塌危险的房屋。

（2）整幢房屋的公用生活设备（包括上水、下水、电气照明、通风、采暖等）必须进行管线更换的房屋。

（3）因改善居住条件，需局部改建的房屋。

（4）需对主体结构进行专项抗震加固的房屋。

大修工程的主要特点是：工程地点集中，项目齐全，具有整体性。大修后的房屋必须符合基本完好或完好标准的要求。

3. 中修工程

凡需牵动或拆换少量主体构件，一次费用在该建筑物同类结构新建造价的 20% 以下，保持原房的规模和结构的工程为中修工程。中修工程主要适用于以下情况。

（1）少量结构构件形成危险点的房屋。

（2）一般损坏的房屋，如整幢房屋的门窗整修、楼地面、楼梯维修、抹灰补修、油漆保养、设备管线的维修和零配件的更换等。

（3）整幢房屋的公用生活设备，如上下水管道、通风采暖设备管道、电气照明线路等需局部进行更换改善或改装、新装工程的房屋以及单项目维修的房屋。

中修工程的主要特点是，工地比较集中，项目较小，工程量较大，常有周期性。中修后的房屋 70% 以上必须符合基本完好或完好标准的要求。

4. 小修工程

及时修复使用过程中构件、配件和设备正常的小损、小坏、小养护的工程为小修工程。

小修工程主要适用于以下情况。

（1）屋面筑漏（补漏）、修补屋面、修补泛水、屋脊等。

（2）钢、木门窗的整修、拆换五金、配玻璃、换窗纱、油漆等。

（3）修补楼地面面层，抽换个别朽木等。

（4）修补内外墙、抹灰、窗台、腰线等。

（5）拆砌挖补局部墙体、个别拱圈、拆换个别过梁等。

（6）抽换个别檩条，接换个别木梁、屋架、木柱，修补木楼梯等。

（7）水卫、电气、暖气等设备的故障排除及零部件的修换等。

（8）下水管的疏通，修补明沟、散水、落水管等。

（9）房屋检查时发现的危险构件的临时加固、维修等。

小修工程的主要特点是，项目简单，零星分散，量大面广，时间紧迫。例如，小面积的屋面补漏、门窗检修及水电的小型修缮工程等，服务性很强。

5. 综合维修工程（成片轮修工程）

凡成片多幢（大楼可为单幢）大、中、小修一次性应修尽修（全项目修理），其费用控制在该片（幢）建筑物同类结构新建造价 20% 以上的工程为综合维修工程。这类维修工程应根据各地的情况、条件的不同，考虑到一些特殊要求，如抗震、防灾、防风、防火等，在维修中一并予以解决。综合维修工程主要适用于以下两点。①该片（幢）大部分严重损坏，或一般性损坏需进行有计划维修的房屋。②需改变片（幢）面貌而进行有计划维修的工程。

经过综合维修后的房屋，必须符合基本完好或完好以上的标准要求。

第二节 房屋维修的管理

一、房屋维修管理的概念

屋维修管理是指对房屋维修的各项活动所进行的计划、组织、协调、管理等工作。房屋维修管理通过制定合理的维修周期和科学的维修计划，以及确定合理的维修范围和维修方案，合理组织使用人、财、物，可以做到节省费用，缩短工期，取得良好的经济效益、社会效益和环境效益。

二、房屋维修管理的内容

房屋维修管理的内容包括房屋维修计划管理、施工管理、技术管理和质量管理等工作。

（一）房屋维修计划管理

房屋维修计划是指在一定时期内，对房屋维修工作预先拟定的内容、步骤、投资等一系列工作的总称。

房屋维修计划管理的内容包括计划编制、计划检查、计划调整和计划总结等一系列工作，其中积极做好计划工作的综合平衡，是维修计划管理的基本工作。

1. 房屋维修计划的内容

房屋维修计划的内容主要包括以下几个方面。

（1）房屋维修施工计划。作为物业服务企业房屋维修计划的核心，是编制其他维修计划的依据。维修施工计划必须反映计划期内所需维修房屋的名称、维修部位及维修性质、规模（建筑面积和实物工期量）、投资额、各项工程开竣工日期、施工任务的分配方式（自营维修或外包维修）、维修项目进度表及维修项目施工技术方案等。

（2）房屋维修辅助计划。属于支持、保证性计划，为确保完成房屋维修施工计划创造条件。其内容主要包括以下六点。

①房屋维修施工力量计划。包括临时工、合同工的招聘计划，自有工人的组织及供应计划，各维修班组（或施工项目部）任务的安排，外包工程的招投标计划等。

②房屋维修材料供应计划。包括材料、器材的采购、运输、储存计划等。

③房屋维修机具供应计划。包括机具的购置、维修、更新计划等。

④房屋维修技术支持计划。包括技术人员的组织与配备、技术制度的制定、施工安全措施等。

⑤房屋维修资金使用计划。包括资金的需要量预测、资金筹措、资金使用计划等。

⑥房屋维修成本及利润计划。包括成本预测、成本目标确定、成本控制、成本核算以及预期实现利润额计划等。

2. 房屋维修计划的编制方法

（1）年度维修计划的编制。

年度维修计划的编制与维修工程量、工期、成本控制、安全、质量、服务、施工管理等有着密切的联系，年度维修计划的编制步骤如下。

①根据房屋完损状况、国家有关房屋维修管理的政策及标准、企业自身的施工力量、用户提出的正确意见等因素研究确定计划期内房屋维修的总规模以及各种维修类型的规模。

②根据有关技术要求和企业自身条件确定维修任务分配方案（即确定是自营维修还是自包维修），并编制相应的年度维修施工进度计划。

③根据房屋维修工程量、在维修施工中各种资源的消耗量标准（定额）及进度安排，编制有关人工、材料、机具、成本、资金计划。

制定年度维修计划时，还应注意以下几点。

①对企业自身条件应有全面正确的了解，在自身具备的条件基础上编制计划。

②对房屋损坏等级统计资料和维修施工中可能有的工料消耗资料要有计划和分析。

③在编制计划时，应做好综合平衡工作，协调好各层次、各方面的关系。

（2）季度维修计划的编制。

季度维修计划是在年度维修计划的基础上，按照均衡生产的原则，并结合季节特点，编制季度计划，季度计划要保证年度计划的顺利完成。编制季度维修计划要考虑的因素包括以下几点。

首先，应根据季节不同、气候条件不同，适当安排维修任务并采取施工措施。

其次，应根据不同季节安排不同维修项目，例如维修屋面工程应尽量安排在雨季到来之前进行。

再次，应根据不同季节安排不同住户维修，如修理商业用房应尽量安排在营业淡季进行，学校用房可安排在寒暑假期间施工等。

（3）月度维修计划的编制。

月度维修计划的编制方法与季度维修计划相同，维修项目因是月度计划，基本上均做查勘预算，编制的依据是房屋年度维修计划，如情况有变化，在月度计划中要进行调整。月度维修计划应保证季度维修计划的完成。如有特殊情况，应办理一定手续，经批准后才可以调整计划。

3. 房屋维修计划的执行和控制

编制房屋维修计划，是计划管理的开始，重点是在计划确定以后，如何贯彻执行，保证计划的实施。

房屋维修计划控制的主要内容包括：修缮项目的进度、产量、质量、成本和安全等。其控制的手段应为各级人员深入实地检查，召集有关会议等。

房屋维修计划是维修工作要达到的总的要求。因此，必须将维修计划按内部组织机构层层分解，落实到基层，实行责任制，并让从事维修的有关人员了解，使计划成为全体人员的奋斗目标。

维修计划执行情况检查的主要内容有：计划指标分解及措施落实情况；计划指标的完成情况；原计划的正确程度；执行过程中出现的问题及解决的办法；经验教训总结等。

（二）房屋维修施工管理

房屋维修施工管理，就是对进行维修的建筑产品的施工过程所进行的组织、协调、监督等各项活动。房屋维修施工过程是指从接受维修任务到工程交工验收的全过程。这个过程包括：签订房屋维修工程专业分包合同、施工组织与准备、施工协调与管理、质量管理与施工安全以及竣工验收等。

1. 房屋维修施工准备工作

在房屋维修施工过程中，一定要做好施工准备工作。其维修施工组织准备工作的内容很多，主要有以下几点。

（1）摸清施工现场情况，包括电缆、煤气、供暖、给排水等地下管线及其走向；平整好现场。

（2）准备维修工程设计图纸。

（3）编制施工组织设计或施工方案并获得批准。

（4）施工所需建筑材料陆续进入现场，确保连续施工。

（5）领取建筑施工许可证。

（6）安置好需暂时搬迁的住户，切断或接通水、电流。

（7）落实资金和劳动力计划。

2. 房屋维修工程施工组织设计

施工组织设计方案是全面安排施工的技术经济文件，是指导施工的主要依据之一，是房屋维修工程必不可少的组织措施。根据维修工程的规律不同和技术要求不同，分别编制施工组织设计、一般工程施工方案或小型工程施工说明。

（1）大型维修工程施工组织设计包括以下内容。①工程概况：工程地点、维修面积、投资额、维修范围、工期、主要工种工程量、材料设备等。②单位工程进度计划及保证工程质量及安全生产的技术组织措施。③施工任务的组织分工和安排。④劳动力组织及需要量计划。⑤主要材料、施工机具需要量及旧料代用计划。⑥生产、生活所需临时设施计划。⑦施工用水、用电计划。⑧施工现场总平面图。⑨各项技术经济指标。

（2）一般维修工程施工包括以下内容。①工程概况。②主要施工方法及保证工程质量、安全、消防和冬季、雨季施工等方面的技术措施。③单位工程进度计划。④主要材料、劳动力、施工机具的需要量和进场计划。⑤施工平面图。⑥各项技术经济指标等。

（3）小型维修工程施工说明的内容包括工程概况、结构安全检查、房屋破损鉴定情况、修缮内容、工程量、质量、安全技术措施、材料配置等。当施工组织设计、一般工程施工方案或小型工程施工说明确定后，生产、计划、技术、物资供应、劳资和附属加工等部门必须围绕上述设计、施工方案或说明做出相应的安排。

3. 房屋维修工程施工阶段管理

（1）施工调度管理。

施工调度就是以工程施工进度计划为依据，在整个施工过程中保证劳动力、材料、机械与施工进度和任务要求之间的平衡，并解决好工种与专业之间衔接的综合性协调工作。

（2）施工现场管理。

施工现场管理是以施工组织设计、一般工程施工方案或小型工程施工说明为依据，在施工现场的各种管理活动。其主要内容有：修建或利用各项临时设施，安排好施工衔接及材料机具的进退现场，节约施工用地；按计划拆除旧建筑，排除障碍物，清运渣土等；注意生产与住房安全，在拆除与维修时，做好施工防护标志，处理好毗邻建筑物或构筑物的关系；采用先进施工工艺和操作技术，优质低耗、均衡快速地完成维修任务。

（3）施工安全管理。

房屋维修施工技术复杂，施工生产活动中容易发生施工人员伤亡事故，因此，在施工过程中，要认真贯彻执行安全生产岗位责任制，加强对安全生产工作的领导，建立、健全安全生产管理制度，严格执行安全操作规程，确保施工安全。安全检查机构或人员必须认真执行安全生产的方针、政策、法令、条例，经常对现场作业进行安全检查，并组织施工人员学习安全生产操作规程。

（三）房屋维修技术管理

房屋维修技术管理是对房屋的查勘、鉴定、维修、使用等各个环节技术活动过程和技术工作的各种要素进行科学管理的总称。

1. 房屋维修技术管理任务

①监督房屋的合理使用，防止房屋结构、设备的过多损耗或过早损坏，维护房屋和设备的完整，提高完好率。②对房屋勘察鉴定后，进行维修设计或制订维修方案，确定维修项目。③建立房屋技术档案，掌握房屋完损状况。④贯彻技术责任制，明确技术职责。

2. 房屋维修技术管理内容

房屋维修技术管理的主要内容有以下几个方面。

①房屋查勘鉴定。②房屋维护。③维修设计或维修方案。④维修工程监督。⑤维修工程验收。⑥房屋技术档案。⑦技术责任制。

《物业管理条例》规定：物业存在安全隐患，危及公共利益及他人合法权益时，责任人应当及时维修养护，有关业主应当给予配合。责任人不履行维修养护义务的，经业主大会同意，可以由物业服务企业维修养护，费用由责任人承担。

《中华人民共和国消防法》规定：禁止在具有火灾、爆炸危险的场所吸烟、使用明火。因施工等特殊情况需要使用明火作业的，应当按照规定事先办理审批手续，采取相应的消防安全措施；作业人员应当遵守消防安全规定。

进行电焊、气焊等具有火灾危险作业的人员和自动消防系统的操作人员，必须持证上岗，并遵守消防安全操作规程。

（四）房屋维修质量管理

房屋维修质量管理是指为保证和提高维修工程质量，贯彻“预防为主”原则，为下道工序负责、为住户负责而进行的一系列管理工作的总和。施工项目的质量管理是一种一次性的动态过程。所谓动态管理过程，指的是维修施工项目管理的对象、内容和重点，都随着工程的进展而变化，而且某一阶段工程质量的好坏，是建立在前一阶段质量管理工作基础之上的。由于施工项目质量管理的一次性，因此要求领导素质高，组织管理严格，操作精心。

1. 房屋维修质量管理的内容

房屋维修质量管理要做好以下几个方面的工作。

（1）建立健全质量监督检查机构，配置专职或兼职质检人员，分层管理，层层负责，并相互协调配合。

（2）质量监督检查机构和质检人员必须坚持标准，参与编制工程质量的技术措施，并监督实施，指导执行操作规程。

（3）坚持贯彻班组自检、互检和交接检查制度，对维修工程的关键部位，一定要经过检查合格、办理签证手续后，才能进行下一道工序施工。

（4）在施工准备阶段，应熟悉施工条件和施工图纸，了解工程技术要求，这是提高施工组织设计质量、制定质量管理计划与质量保证措施的可靠依据。

（5）在施工过程中，加强中间检查与技术复核工作，特别是对关键部位的检查复核工作。

（6）搞好施工质量的检查验收，坚持分项工程的检查，做好隐蔽工程的验收及工程质量的评定，不合格的工程不予验收签证。

（7）加强现场对建筑物配件、成品与半成品的检查验收，检查出厂合格证书或测验报告。

（8）严格对建筑材料的品种、规格和质量进行检查验收，主要材料应有产品合格证或测试报告。

（9）若发生工程质量事故，按有关规定及时上报技术管理部门，并查清事故原因，进行研究处理。

（10）对已交付使用的维修工程要进行质量跟踪，实行质量回访。在保修期内，因施工造成质量问题时，按合同规定负责保修。

2. 维修施工项目的质量保证体系

质量保证是指为使人们相信某一产品、过程或服务的质量所必需的全部有计划有组织的活动。物业服务企业必须确保维修施工项目的质量，以保证用户在规定期限内能正常使用。它体现了企业对工程质量负责到底的精神，把现场施工的质量管理与交工后用户使用质量联系在一起。

质量保证体系，是企业以保证和提高工程质量为目标，运用系统的概念和方法，把各部门、各环节的质量管理职能组织起来，形成一个有明确任务、职责和权限，相互协调、互相促进的有机整体。质量保证体系主要包括以下内容。

（1）思想工作体系。思想工作体系就是由维修项目负责人带头，责成各部门或班组负责人开展的质量教育活动。首先，对职工进行为用户服务、对用户负责的质量责任教育。在此基础上，要进行全面质量管理知识的教育，树立“质量第一”和“预防为主”的观念，然后进行必要的技术业务培训。

（2）质量控制体系。质量控制，就是质量事故的防患，是维修工程质量工作的重点。维修项目的质量控制要贯穿于维修的全过程。

（3）组织保证体系。搞好房屋维修工程的质量管理工作，必须要有严密的组织保证体系。为此，要设立相应的机构，配备称职人员，明确划分职责和权限。如果物业服务企业自行承担维修施工任务，则要以项目经理为核心组建质量管理部门，下设专业施工队的专职质检员，班组兼职质检员，并按班组建立质量管理小组。如果物业服务企业将维修施工任务承包给外部专业施工单位，则要以项目为对象联合甲方的项目管理部，实行内部维修施工项目监理。

第十四章　物业设施设备管理

第一节　物业设施设备的种类

物业设施设备是指附属于房屋建筑的各类设备的总称，它是构成房屋建筑实体的不可分割的组成部分，是发挥物业功能和实现物业价值的物质基础和必要条件。对于物业设施设备的界定通常如下。

设施包括：上下水管道、落水管、水箱、天线、供电线路、照明、暖气线路、消防设施、防避雷设施、绿地、道路、路灯、沟渠、池、井、停车场、文体设施等。

设备包括：包括变压器、配电柜、配电箱、发电机组等高低压配电设备，电梯、压力容器等特种设备，给水泵、排污泵、稳压罐、过滤器、消毒器等给排水设备，消防主机、从机、送排风风机等消防设备，报警主机、监视器、硬盘录像机等安防监控设备，空调机组、冷却塔、板式交换器等空调设备，换热器、膨胀罐、补水泵等供暖设备等。

设施设备主要分为以下几类。

1. 给排水系统

（1）给水设备。房屋的给水设备是指房屋建筑内部附属设备中的生活给水、设备用水、消防给水等工程设施的总称。它的主要任务是为业主提供符合标准的生活用水。主要由贮水池（箱）、给水泵、给水管网、水表等组成。

（2）排水设备。房屋的排水设备是指房屋设备中用来排除生活污水和屋面雨雪水的部分，它包括排水管道、通气管、清通设备、抽升设备、室外排水管道等。

（3）房屋卫生设备。房屋卫生设备是指房屋建筑内部附属的卫生器具，包括洗脸盆、浴盆、大便器、小便器等。

（4）消防设备。房屋的消防设备是指房屋设备中用来灭火的消防供水设备、设施。它包括消防水池或水箱、消防泵、消火栓、消防水管道等。

（5）房屋热水供应设备。房屋的热水供应设备是指房屋设备中为人们提供生活用热水的设备。它包括水加热器、给水泵、热水管道、热水表、淋浴器等。

2. 电器系统

（1）物业供电设备。物业供电设备是指物业附属设备中的供电部分，包括供电线路、变配电装置、高低压电器等。

（2）物业的弱电设备。物业弱电设备指物业附属设备中的弱电设备部分。主要包括物业小区的安防系统、火灾自动报警与联动控制系统、通信与有线电视系统、建筑智能化系统等。

（3）房屋的电梯设备。电梯设备指物业附属设备中的载运人或物品的一种升降设备，是高层建筑中不可缺少的垂直运输工具。常用电梯主要包括机房、轿厢、井道等部分。

（4）电气照明系统。物业小区电气照明设备主要是指小区内的各种照明用的设备，主要包括照明供电线路及照明器具。

3. 供暖、空调、通风系统

（1）采暖设备。采暖设备是指房屋设备中用来在冬季为房屋提供热量的部分。它包括锅炉、循环泵、散热器等设备。室内采暖系统有很多形式，按热媒不同，可分为热水采暖系统、蒸汽采暖系统。一般民用建筑大多采用热水采暖系统。

（2）空调设备。空调设备是指在建筑内部为满足人的生理感受或生产过程的需要，而提供的人工环境设备。一般的中央空调设备包括冷水机组、水泵、空调机组、风机、冷却塔、风机盘管等设备。

（3）通风设备。通风设备是指在建筑内部保证房间空气流动，同时能排出有害气体的设备。一般包括风机、通风管道、风口及一些空气净化设备。

4. 燃气设备

房屋的燃气设备包括燃气灶、燃气表、燃气管道、天然气管网等。

第二节 物业设备的日常管理

一、物业设备的档案资料管理

物业设备的档案资料，对于设备管理来说非常重要。设备的运行和维修都离不开设备的档案资料。物业服务企业对设备档案资料的管理，主要是做好设备技术档案资料的保管和为设备运行、维护、管理等提供信息资料。主要包括设备原始资料、设备维修资料和设备管理资料的管理工作。

二、物业设备的安全运行管理

物业设备的安全运行管理，对于业主、用户非常重要，同时也关系到设备操作人员的生命安全，因此必须做好相应的工作。物业设备的安全运行管理主要包括以下四点。

1. 建立设备管理安全运行责任制

物业服务企业为了保证设备的安全运行，必须建立设备管理安全运行责任制，由设备管理的主管领导作为第一责任人，设备维修人员作为主要责任成员，参与设备的管理。

2. 建立设备安全运行制度和安全操作规程

物业服务企业应该建立设备的安全运行制度和安全操作规程。物业服务企业要保障设备的安全运行,安排维修人员根据不同的设备及运行时间状况，有计划地进行巡查，及时在初期发现设备的问题并及时维修，保障设备的安全运行。要定期对设备的操作人员进行安全作业的培训教育，经考核合格后持证上岗。

3. 建立设备的安全使用宣传教育

在高层建筑物中，电梯是业主及使用人经常使用的设备，因此要开展安全使用电梯的宣传教育，使业主、使用人了解电梯的安全使用知识，提高自我保护意识，为电梯的安全管理建立广泛的群众基础。

4. 制定完善的设备维修保养计划

物业服务企业要建立完善的设备维修保养计划，制定月度、季度及年度设备维护保养一览表。员工按照保养计划完成任务后必须在工作单上做好记录，包括保养时间、检查结果等，并签字交回。技术主管及主管工程师要对维修工的工作进行检查或抽查，考核其工作质量。

第三节　房屋设施设备的维修管理

一、建筑给排水系统的管理

1. 给水设备

高层楼房以楼内供水泵房总计费水表为界，多层楼房以楼外自来水表为界。界限以外（含计费水表）的供水管线及设备，由供水部门负责维护、管理；界限以内（含水表井）至用户的供水管线及设备由物业服务企业负责维护、管理。

供水管线及管线上设置的地下消防井、消火栓等消防设施，由供水部门负责维护、管理，公安消防部门负责监督检查；高、低层消防供水系统，包括泵房、管道、室内消火栓等，由物业服务企业负责维修管理，并接受公安消防部门的监督检查。

2. 排水设备

室内排水系统由物业服务企业维护管理。小区内道路和市政排水设施的管理职责，以 3.5 米路宽为界，凡道路宽度在 3.5 米（含 3.5 米）以上的，其道路和埋设在道路下的市政排水设施，由市政工程管理部门负责维护、管理；道路宽度在 3.5 米以下的，由物业服务企业负责维护、管理。居住小区内各种地下设施检查井盖的维护、管理，由地下设施检查井的产权单位负责。有关产权单位也可委托物业服务企业维护、管理。

3. 给排水管道的管理

给排水系统的设备能否正常运行，关系着住户的切身利益，因此必须加强日常运行中的检查和维护管理工作。检修人员在检查过程中，应对重点部位进行检查，通常应注意以下十个方面。

（1）对供水管道、水表、水泵、水箱、水池、阀门进行经常性维护和定期检查，确保供水安全。定期对排水管道进行养护、清通，防止堵塞。

（2）重点检查厕所、厨房的盥洗室。看地面是否干净，地漏附件有无污物，洁具是否经常冲洗，管道是否刷防腐材料，水箱、脸盆、水龙头是否安稳好用，有无漏水现象。

（3）楼板、墙壁、地面等处有无滴水、积水等异常情况，发现管道滴漏要及时修理。

（4）给水阀门井和排水检查井封闭是否严密，防止杂物下落井中。

（5）雨水井及其附近有无石灰、沙子、碎砖、碎石等建筑材料，防止它们被雨水冲入管道而造成管道堵塞。

（6）露于空气中的管道及设备须定期检查，补刷防腐材料。

（7）冬季前应做好室内、室外管道和设备的防冻保温工作。对室外盖子不严的阀门井、水表井都要在井中填入保温材料，对设在室外的冷水龙头、水箱、阀门、管道、消火栓等应有保温措施。

（8）每年对使用设备进行一次使用试验。如对控制阀门每年至少进行一次使用试验，防止启动时打不开或关不紧等情况发生。

（9）对已到使用期限或残旧的设备，应及时更换，防止发生重大事故。

（10）制定突发事故的处理方案，当发生跑水、断水等故障时，能及时处理，防止事故范围扩大。

二、高层建筑给排水系统的维修

（一）给水管道的维修

1. 漏水

漏水是给水管道及配件的常见主要毛病，明装管道沿管线检查，即可发现渗漏部位。对于埋地管道，首先进行观察，对地面长期潮湿、积水和冒水的管段进行听漏，同时参考原设计图纸和现有的闸门箱位，准确确定渗漏位置，进行开挖修理。

2. 管道损坏

管道损坏的原因通常是由于使用年限太久，受酸、碱、废水的腐蚀和其他机械损伤。渗漏管道的维修，常见以下几种办法。

（1）哈夫节堵漏法。用铅楔或木楔打入洞眼内，然后垫以 2 ~ 3 毫米厚的橡皮布，最后用尺寸合适的哈夫节加固。

（2）换管法。对于锈蚀严重的管段需要进行更换。地下水管的更换有时需锯断管子的一头或两头，再截取长度合适的新水管，用活接头予以全新连接。

（二）阀门的维修

阀门的常见故障和修理有以下几种。

1. 螺盖漏水

漏水原因多为填料受磨损。修理方法主要有关闭阀门，更换填料。

2. 开不动

对于长期不开动的阀门，容易锈住，可用小锤轻轻敲击阀杆或用扳手式管钳转动手轮。

3. 开启后不通水

如是阀杆滑扣，需更换阀杆或整个阀门。如是阀芯同阀杆脱节，需重新连接起来。

4. 关不住或关不严

多是阀芯与阀座间有异物，如水垢、砂粒等物卡住，或由于划伤、蚀伤等原因而造成，应拆开阀芯取出异物，或采用研磨的方法，消除伤痕，使之闭合严密。

（三）高位水箱及其浮球阀的维修

1. 屋顶高位水箱浮球阀的常见故障

（1）关不严。浮球虽已升到最高点，但仍然出水，原因是胶皮芯磨损变薄。修理时，应根据具体情况更换阀芯胶皮垫，或连同阀芯一起更换。

（2）浮球阀不出水。可能是阀芯挑杆锈蚀，阀座出水眼被堵，阀芯锈蚀不能自如活动等原因造成的。修理方法：除锈、用细铁丝进行疏通水眼，将阀芯用纱布打磨重新安装即可。

2. 高位水箱渗漏的修理

找出水箱渗水裂缝，在裂缝中心凿出或钻出灌注孔，可采用压力灌注环氧树脂进行补漏。

3. 高位水箱的清洗消毒

高位水箱由于多种原因导致异物侵入造成水质污染，达不到生活用水标准，故应每年进行一次水箱清洗工作，每三年进行一次水箱消毒工作。

（四）给水管道的维护

1. 给水管道的检查

维修养护人员应十分熟悉给水系统，经常检查给水管道及阀门（包括地上、地下、屋顶等）的使用情况，经常注意地下有无漏水、渗水、积水等异常情况，如发现有漏水现象，应及时进行维修。

2. 保温防冻工作

在每年冬季来临之前，维修人员应注意做好水表箱、阀门井、消防栓、栓井及室内外管道、阀门等的防冻保温工作。根据当地气温情况分别采用不同的保温材料，以防冻坏。

3. 冻裂事故的处理

对已发生冰冻的上水管道，宜采用浇温水逐步升温，或包保温材料，让其自然化冻。对已冻裂的水管，可根据具体情况，采取电焊或换管的方法处理。马铁铸成的水嘴和阀门若被冻裂，则应予以换新。

（五）室内排水管道的维修

室内排水管道的常见故障和修理主要包括以下三个方面。

1. 管道渗漏

多发生在横管或存水弯处，有砂眼、裂缝等。因砂眼渗漏，可采用打铅楔、木楔的办法堵漏；对于较小的裂缝，可采用哈夫节堵漏；对于承插接口渗漏，可用水泥重新打封口；对于塑料管接口处渗漏，可用胶封；对管身开裂不大的，可采取热塑料焊接补漏。

2. 管道堵塞

管道堵塞造成流水不畅，排泄不通，严重的会在地漏、水池、马桶等处漫溢外淌。造成堵塞的原因，多为使用不当造成硬杂物进入管道，停滞在排水管中部、拐弯处、排水管末端，也有的是因为在施工过程中，砖块、木块、砂浆等进入管中。修理时，可根据具体情况判断堵塞物的位置，在靠近的检查口、清扫口、屋顶通气管等处，采用人工和机械疏通。如无效时，则采用尖錾剔洞法疏通，或采用“开天窗”办法，进行大开挖，排除堵塞。

3. 雨水排除

屋面雨雪水的排除方式一般有三种。

（1）檐沟排水（水落管排水）。多用于一般居住建筑、屋面面积较小的公共建筑。檐沟多为铝皮制成，水落管多用白铁皮管或 PR 管等。

（2）天沟外排水。即利用屋面构造上所形成的天沟本身容量和坡度，使雨雪水向建筑物两端泄放，并经墙外主管排至地面或雨水道。

（3）内排水。当屋面面积大或曲折时，尤其是屋面有天窗、多跨度、锯齿形屋面等，须在建筑物内部设置雨水管系统。内排水管系统的组成有雨水斗、悬吊管、主管及排出管、埋地横管及检查井等。

（六）室外排水管道的维修

管道坡度方向相反，形成倒返水。此类故障常见于新建的房屋中，原因多是未按图纸要求放坡，或沟底未做垫层，加上接口封闭不严，管道渗漏而造成不均匀下沉，造成排水不畅，严重时则会引水倒流，在检查处污水外溢。维修方法是按原设计图纸和规范要求返工重做。

管道堵塞。维修时，首先应将检查井中的沉积物用钩勺掏清，随后用毛竹片进行疏通，再用中间扎有铁丝球的麻绳来回拉刷，同时放水冲淤。也可以使用疏通机疏通。如疏通不了，则要在堵塞位置上进行破土开挖，采用局部起管疏通、重新安管的办法。

三、供暖系统常见故障处理

1. 锅炉房发生水浸

当这种情况发生时，视进水情况关掉运行中锅炉。拉下总电源开关，堵住漏水源，若漏水严重，尽力阻滞进水，并立即通知值班组长和管理处，漏水源堵住以后，应立即对漏水设备进行除湿处理，确认水已消除，各绝缘电阻符合要求后，开机试运行，如无异常即可投入使用。

2. 供热管网突然损坏

当供热管网大量漏水，应通过室外管沟的检查口进行检查寻找损坏部位，然后关闭供水管上的分段阀门进行整修或更换，在整修时由于水管上余压比较大，水温较高，应注意工作的安全性，一般在采暖期到来之前，应对外网进行严格的维修保养，以避免运行中出现异常情况。

3. 散热设备漏水

若散热设备漏水，应查找原因，确定是因为散热片本身质量问题，还是安装时不严密。找到原因后关闭暖气进水阀，拆下散热设备进行整修，整修完毕，重新装上。

4. 热水采暖系统局部散热器不热

导致热水采暖系统散热器局部不热的原因及解决办法主要有以下四点。

（1）阀门失灵。当在阀座中发生阀盘脱落的现象，就会对热媒流动通道造成严重的堵塞，此刻可以将阀门压盖打开，对其进行修理，或者更换损坏的阀门。如果在集气罐中储存了很多气体，就会造成管路堵塞，从而导致局部散热器不热，此刻必须把系统里安装的放气附件打开，例如在散热器上安装的手动放风门以及在集气罐上安装的排气阀等。

（2）管路堵塞。在只有非常短暂的送水时间时，可以手动触摸阀门前以及管线转弯位置的温度，同时可以进行敲击并且听取声音，在分析声音以及温度的基础上对此给予合理的判断；在系统非常大，并且送水时间十分长的时候，在堵塞位置的前后都会产生死水段，仅仅依靠人为用手触摸是难以判定堵塞位置的，此刻应该借助放水法进行查找，应该在不热段管道的正中位置逐渐向两端选择防水点。在放水的过程中，如果来水段热水不会向前延伸，那么堵塞点就是存在于第一次与第二次的放水点间。在确定堵塞点以后，将管子打开，清除其中的污物，或者是直接更换此管段。

（3）管道坡度存在安装不科学的现象。这样就会造成管道鼓肚，在其中出现气塞，将此管段的流通截面积堵塞或者是减小，使得局部出现不热的现象。此刻必须要对多管段的坡度进行合理调整，保证其满足对坡向与坡度的基本设计要求。

（4）室外热网以及室内系统的回水以及送水管道接反，或者是都在回水（或送水）管上。这样室内系统就无法成为循环环路。必须要对此仔细查找，根据室外热网的实际状况，及时纠正错误。

5. 用户私自改动供暖设施

一部分用户会按照个人意愿私自改建供暖设施，这样就会造成以下问题。

（1）将延长线连接到室内暖气上，将暖气安装在原来无暖气片的位置。虽然此做法在表面上好像可以帮助具有暖气的房间获得更多温度，但事实上破坏了总供热系统的循环，在私接暖气片的地方也不一定能获得较好的供暖效果。同时在连接管道以及暖气的时候，不能确保所用材料以及施工的质量，这样极易在供暖季节发生管道爆裂以及跑水等情况，给用户带来更多的困扰；而且还会导致成串的用户家里无法获得充足的供暖温度。

（2）在进行房屋装修的时候，一些用户为了美观，就会改变暖气片的原有位置。尽管表面上看更改暖气片的位置问题不大，然而在供热期，暖气片以及暖气管线都要承受较高的压强与温度，所以在安装暖气片的时候必须要进行高质量的施工，一旦暖气片的位置被用户私自更改，如果一些地方没有被严密接合，例如管道接口等，那么极易发生破裂，出现跑水现象。

（3）“加粗”暖气管。为了获得更高的暖气片温度，一些用户将室内的暖气管更换为更加粗大的管道，这种行为不仅极易导致管道发生破损，而且极易导致成串的用户家里无法获得足够的供暖温度。

（4）偷用供热水源。此做法会对水压造成严重影响。一部分用户将一个阀门安装在暖气片上，当其要使用热水时便打开阀门，使用其中的热水以满足日常生活所需。由于供暖系统是选用的闭水循环设计，锅炉房是提供热水的地方，在外管网的作用下，逐渐流进用户的暖气管道里，完成循环以后再回到锅炉房中，一些用户偷用供热水源的行为会导致片区水压不足，对其他用户的供暖造成严重影响。

对用户私自改动供暖设施的现象，物业服务企业要加强管理，尤其是装修过程中的巡视，发现问题及时处理。

四、电气设备及线路问题的维修

1. 断路

断路分为相线和中线断路两种。断路的检查、维修步骤如下。

（1）查熔断器内的熔丝是否已熔断。

（2）用测电笔在总开关进线端查验是否有电。如无电，即上级电路停电，不需修理；如接户线、进户线断路，要请供电部门检修或配合供电部门检修。如有电，则应顺线路从前到后逐段测验，如电笔发光，则说明此点的前相线未断，再用校验灯测，若发光，则表示此点以前中性线未断，如此逐段向后测验，直到校验灯不亮，故障即在此点与前一点之间，再用电笔测，如发光，则说明中性线断路，两根均不发光，则说明相线断路。

（3）再观察此段内有无明显的机械损伤，过墙拐角处有无松动等。

（4）检查开关、灯头、接线盒及各接头处是否松动。

（5）对接地线断路的检查，接地线对保护人身安全及设备安全是非常重要的，任何时候都应处于良好状态。

（6）查出断线处，可采取更换全新接头或拆除该段导线另换相同规格的新线。对于因负荷过大烧断的，应重新计算负荷，选择相应的新线接换。

2. 短路

是指相线与相线、相线与中线或相线与接地线之间短接的现象（即电阻等于或接近于零）。

检查短路的方法如下。

（1）在该线路已熔断的熔丝上下端串接一功率较大（100W ～ 200W）的校验灯，切断该线路内的所有用电器开关，观察校验灯发光状况，如正常发光，则说明该线路短路。

（2）切断电源进线和各用电器开关，拔下所有用电器插头，用兆欧表对线路分段测量其线与线、线与地之间的绝缘电阻，绝缘电阻接近于零，即为故障段。

（3）检查线路上有无金属物使线路短路，交叉处因绝缘破损而碰线，检查电线管管口，接线盒内有无击穿灼痕或磨破绝缘层而短路等。

（4）如检查线路无故障，则说明在灯具或用电器上有短路。查出短路后，根据情况分别给予换线、重新包扎等措施。

3. 接触不良

在正常使用中发现电压有较大的波动或照明灯发光发暗或忽明忽暗，则应重点检查以下三点。

（1）熔断丝是否压紧，接触是否良好。

（2）线路的接头是否因氧化而接触不良。

（3）开关的动静触点是否因电火花烧灼而损坏。

4. 漏电

是指因导线老化、受潮、绝缘层损坏或受环境破坏而造成电流泄漏，严重的能造成人身事故，或造成不能正常用电。

检查方法是用兆欧表测量线路或设置的绝缘电阻，然后按具体情况给予修复或更换。

5. 管内配线的绝缘电阻的测量及换线

由于管内导线在长期不通风、散热极差的状态下工作，导线的绝缘层极易发生粘连、变脆、老化，导致导线绝缘电阻下降，在此时，必须对管内导线进行更换。

6. 防雷设施的修缮

一般建筑物的防雷设施有针式和带式两大类，避雷针又可分为单支、双支、多支保护等几种形式。

防雷设施一般由接闪器（避雷针、避雷带）、引下线和接地极组成。

接闪器、引下线、接地极等各防雷部分都要按照有关规范的具体要求装置，才能防止雷击的危害。

防雷装置的检查包括外观巡视检查和测量两个方面。一般可用接地摇表来测量各类建筑物的防雷接地电阻是否符合要求，每三年进行一次测量；外观检查主要包括对接闪器、引下线等各部分的连接是否可靠，有没有受机械损伤、腐蚀、锈蚀，支撑是否牢固等情况的检查，每年进行一次检查。对检查出的不同问题，采取不同的修缮办法，如加固、补强、调整、涂刷保护漆膜、局部更换等，以经常保持其在正常状态下工作。雷雨后也应注意对防雷保护装置进行巡视，及时发现问题并处理。

五、消防设施设备的管理

（一）灭火器的管理

检查喷筒是否畅通，如堵塞要及时疏通。每半年检查一次喷嘴和喷射管是否堵塞、腐蚀损坏，刚性连续式喷筒是否能绕其轴线回转，并可在任意位置停留，推车式灭火器的行车机构是否灵活，是否有检验标志。

检查压力表指针是否在绿色区域。若压力表指针在红色区域，则要检查原因，检查后要重新灌装。

检查零部件是否完整，有无松动、变形、锈蚀、损坏。

检查可见部位防腐层是否完好。防腐层轻度脱落要及时补好，明显腐蚀应送专业部门维修并进行耐压实验。

检查铅封是否完好。一经开封，必须按规定再行充装，并做密封实验，重新铅封。

灭火器应由消防部门进行灌装。

对于泡沫灭火器每半年检查重量两次，用称重法检查，发现灭火剂的重量减轻超过 10% 或压力表指示低于绿色区域，必须重新充装。当灭火器每次再充装前，对其主要受压部件应按规定进行水压试验，合格者方可继续使用。

对于干粉灭火器应按照制造厂规定的要求和检查周期定期检查，如发现灭火器干粉储量不足，应更换灭火器和补充气量。灭火器满 5 年或每次再充装前，应进行 1.5 倍设计压力的水压试验，合格的方可使用。经维修部门修复的灭火器，应有消防监督部门认可标记，并注明维修单位的名称和维修日期。

（二）消火栓灭火系统的管理

1. 室外消火栓

（1）每月及重大节日前，应对消火栓进行检查，检查消火栓标志是否被破坏。

（2）清除启闭杆端部周围杂物。

（3）将专用消火栓钥匙套于杆头，检查是否合适，并转动启闭杆，加注润滑油。

（4）用纱布擦除出水口螺纹上的积锈，检查闷盖内橡胶垫圈是否完好。

（5）打开消火栓，检查供水情况，要放净锈水后再关闭，并观察有无漏水现象，发现问题及时检修。在冬季要做好室外消火栓的保温防冻。

2. 室内消火栓

（1）对以下工作要逐个每月检查一次。

栓外检查。检查栓门关闭是否良好，锁、玻璃有无损坏，栓门封条是否完好，随机抽取消火栓总数的 10% 测试。按消火栓报警按钮，消防中心应有正确的报警显示。检查箱内元件是否良好，有无脱落，柱内水龙头有无渗漏。

栓门封条脱落破损的补贴封条。

（2）每年逐个打开消火栓检查一次（与管道放水冲洗同步）。

检查步骤包括：①完成月检查中栓外检查部分。②开栓门取出水带，若有破损，则立即修补或替换；若有发黑、发霉的情况，则取出刷净、晾干。③将水带交换折边或翻动一次。④检查水枪、水带接头连接是否方便牢固，若有缺损，则立即修复，然后擦净并在栓内放好。⑤检查接口垫圈是否完好无缺，替换阀上老化的皮垫，将阀杆上油。⑥检查修整全部支架，掉漆部位应重新补刷油漆。⑦将栓箱内清扫干净，部件存放整齐后，锁上栓门，贴上封条。

（三）自动灭火系统的管理

1. 喷头的检查与维护保养

如发现喷头有腐蚀、漏水、堵塞等现象，应检查所有喷头，并更换达不到要求的喷头。

经常保持喷头的清洁，以免尘埃沉积而起隔热作用，影响喷头的效能。消除尘埃和污物时，不要用酸或碱溶液洗刷，也不要用热水或热溶液洗刷。喷头附着的轻质粉尘，可用扫帚清除。堵塞严重的要分期分批拆换喷头。

对腐蚀性严重的位置，可采用涂蜡、镀铅或涂防腐蚀涂料，不论采用哪种方法，都要根据腐蚀性气体性质和使用温度的高低来决定。在采用镀铅和涂料时，绝不能涂在感温元件上，只宜涂在喷头的本体、悬壁和溅水盘上。

2. 管系的检查和维护

如发现管系有腐蚀现象，应对管系进行耐压试验。试验时可用系统内的供水泵，也可采用移动式水泵，试验压力一般在 5 ~ 6kg/cm^2。

因管内生锈结垢或外来物而引起管系堵塞，必须及时进行清理。

为防止管系漏水，平时应做到：严禁将管子用作其他各种支撑；拆装喷头时，必须按操作规定应用合适的工具，切忌直接钳住喷头悬壁进行旋紧或拧松；管子一般应涂上两层防腐漆，还应根据腐蚀的严重程度，每 1 ～ 5 年重新涂刷一次。采用镀锌钢管的管系，如发现有局部腐蚀，可用热沥青涂刷，再用纱带缠绕包扎。

（四）防排烟系统设施设备的管理

对机械防烟、排烟系统的风机、送风口、排烟口等部位应经常维护，如扫除尘土、加润滑油等并经常检查排烟阀等手动启动装置和防止误启动的保护装置是否完好。每隔 1 ～ 2 周，由消防中心或风机房内启动风机空载运行 5 分钟。

每年对全楼送风口、排烟阀进行一次机械动作试验。此试验可由现场手动开启、消防控制中心遥控开启或结合火灾报警系统的试验由该系统联动开启。

排烟阀及送风口的试验不必每次都联动风机。在联动风机几次后，应将风机电源切断，只做阀、口的开启试验。

（五）火灾自动报警系统与联动控制设备的管理及维护

火灾自动报警设备是建筑物，尤其是高层建筑物和重要建筑群中必不可少的重要消防措施。火灾自动报警设备一旦投入使用，就要严格管理。整个系统必须有专人负责，坚持昼夜值班制度，确保全部系统处于正常运行状态。应着重注意以下三个方面。

（1）火灾自动探测报警设备应由经过专门训练的人员负责使用、管理和维护，无关人员不得随意触动。值班人员对火灾自动探测报警设备的报警部位号和本单位各火灾监护场所的对应编排应清楚明了。设备投入正常使用后，为确保运行正常，必须严格按定期检查制度检查。每天通过手动检查装置的各项功能（如火警功能、故障功能）是否正常，有无指示灯损坏。每周进行主、备电源自动转换试验。每半年对所有火灾探测器进行一次实效模拟试验，及时更换失效的火灾探测器，并对电缆、接线盒、设备作直观检查，清理尘埃。

（2）探测器投入运行两年后，应每隔三年全部清洗一遍。探测器投入运行后容易受污染，积聚灰尘，使可靠性降低，产生误报或漏报。清洗次数应根据具体环境条件而定。我国南方多雨潮湿，容易凝结水珠；北方干燥，多风沙天气，容易积聚灰尘。不同使用场所，环境状况相差也很大。容易受污染的探测器，清洗周期宜短。不易受到污染的探测器，清洗周期可适当加长。但不管什么场合，投入运行两年后，都应每隔三年清洗一次。探测器的清洗要由专门单位进行，使用单位不要随意清洗，以免损伤探测器部件和降低灵敏度。

（3）对一般常见故障的检查。主要检查方法有：主电源故障，检查输入电源是否完好，熔丝有无烧断、接触不良等情况；备用电源故障，检查充电装置、电池有否损坏，连线有无断线；探测回路，检查该回路至火灾探测器的接线是否完好，有无探测器被人取下，终端监控器有无损坏；误报火警，应勘察误报的火灾探测器的现场有无蒸汽、粉尘等影响火灾探测器正常工作的干扰存在。如有干扰存在，则应设法排除。对于误报频繁而又无干扰因素存在的火灾探测器，应及时予以更换。对一时排除不了的故障，应立即通知专业维修单位，以便尽快修复，恢复正常工作。

（4）由于火灾自动探测报警设备线路复杂，技术要求较高，而且各生产厂的产品结构、线路形式不尽相同，故障类型也较多，所以除以上常见的故障外，应由专业维修人员进行维修。

（六）消防控制中心的管理及维护

由于消防控制中心（以下简称中控室）极为重要，因此维护管理人员必须确保其设备处于良好状态，以保证用户的生命和财产安全。其中，保安员负责中控室设备的清洁、操作、监控、记录，维修工负责中控室设备维修保养，机电主管负责中控室设备的综合管理以及对消防设施设备管理工作的检查监督。

六、电梯的常见故障及排除方法

建筑电梯的常见故障通常有：在基站，打开钥匙开关后，电梯不开门；按下选层按钮后，电梯不能启动运行；层门未关闭，电梯就启动；电梯启动困难，运行速度降低；电梯启动时，轿厢震动较大；电梯运行时，轿厢内听到摩擦声或震动；等等。当这些故障出现时，需要及时排除，使电梯正常运行。电梯常见故障及排除方法详见下表。

表 14-1 电梯常见故障及排除方法

故障现象	可能出现的原因	排除方法
在基站，打开钥匙开关后，电梯不开门	① 电源开关未接通； ② 开关门电路的熔断器熔体烧断； ③ 钥匙开关接点接触不良或折断； ④ 钥匙开关继电器线圈损坏或继电器触电不良； ⑤ 开门电路中的继电器、开关触点接触不良或断线； ⑥ 开门电机励磁线圈未供电，短路或开路；开门电机炭刷磨损过度；电枢线短路或开路	① 接通电源开关； ② 更换熔体； ③ 若接触不良，可用无水酒精清洗，并调整接点弹簧片，若接点折断则需要更换； ④ 若线圈损坏，需更换，若触点接触不良，可清洗修复； ⑤ 一次查找开门电路中各继电器、开关触点和线路； ⑥ 检查开门电机励磁、电枢线圈电压，检查炭刷后酌情处理
按下选层按钮后，电梯不能启动运行	① 电源开关未接通；电源错相、缺相；电源电压过低； ② 控制电路熔断器熔体烧断； ③ 轿门或层门未关闭或门锁触点接触不良、断线； ④ 急停（电压）继电器回路中所串联开关触点有的未接通或接触不良； ⑤ 电动机出现故障	① 查明原因，予以处理； ② 更换熔体； ③ 关好层门和轿门，检查门锁开关； ④ 检查急停（电压）继电器回路各开关、继电器； ⑤ 检查电动机
层门未关闭，电梯就启动	① 门锁继电器卡死不释放； ② 门锁开关接线路短、接地	① 修复或更新； ② 检查短路、接地点，并修复
电梯启动困难，运行速度降低	① 制动器未打开或松闸的间隙小； ② 电源电压太低或断相； ③ 电动机发生故障； ④ 导靴位置不垂直；	① 检查调整制动器； ② 检查电源接头及电压，紧固各接头，电压不超过规定值 ±10%；

续表

故障现象	可能出现的原因	排除方法
电梯启动困难，运行速度降低	⑤ 减速机润滑不良或蜗杆副径向间隙小，产生胶合现象； ⑥ 导轨松动，导轨接头处错位，阻力增大甚至导靴不能通过	③ 检查发动机； ④ 检查调整导靴； ⑤ 按规定加注润滑油或调整轴承； ⑥ 校正导轨
电梯启动时，轿厢震动较大	① 电动机启动时阻力太小；切除阻抗接触器卡死不释放； ② 减速器轴承磨损或蜗杆副齿侧间隙过大； ③ 曳引机地脚螺丝松动，或挡板松动	① 调整延时继电器串阻抗启动时间和阻抗大小，更换或修复接触器； ② 更换轴承，调整齿侧间隙，更换蜗轮蜗杆； ③ 检查并紧固
电梯运行时，轿厢内听到摩擦声或震动	① 导轨润滑不良； ② 导向轮或反绳轮轴与轴套润滑不良； ③ 导靴靴衬严重磨损 ④ 传感器与隔磁板存在碰撞现象； ⑤ 滚轮式导靴轴承磨损； ⑥ 导靴与导轨间隙过大； ⑦ 门刀与层门地坎护脚板或门罩间隙过小或门刀与门锁滚轮碰擦； ⑧ 曳引轮绳槽磨损变形； ⑨曳引绳张力不均匀，或曳引绳断丝、断股； ⑩ 轿厢壁等部位的固定螺丝出现松动； ⑪ 井道壁不垂直或有凸出部位与轿厢地坎摩擦； ⑫ 平衡链麻绳损坏或平衡链过长拖地，与对重导轨底座摩擦； ⑬ 全钳拉杆防晃器与导轨摩擦； ⑭ 轿厢歪斜，安全钳与导轨摩擦或安全钳锲块与导轨间隙过小	① 清洗导轨或加油； ② 补油或清洗换油； ③ 更换靴衬； ④ 调整传感器或隔磁板位置； ⑤ 更换轴承； ⑥ 调整导靴弹簧压力； ⑦ 测量各层间隙，调整护脚板、门罩或门锁滚轮位置； ⑧ 更换或重车曳引轮绳槽； ⑨调整曳引绳张力，更换曳引绳； ⑩ 紧固螺栓； ⑪ 凿去井道凸出部位； ⑫ 修复或更换麻绳；适当缩短平衡； ⑬ 调整防晃器； ⑭ 校正轿厢，调整锲块与导轨间隙为 2 ～ 3mm

续表

故障现象	可能出现的原因	排除方法
电梯由快速换慢速时有震动或台阶感严重	① 减速器轴承磨损或蜗轮杆磨损过度； ② 换速后串阻抗未接入或切除时间过早； ③ 换速过晚	① 更换轴承；调整蜗轮杆中间距；更换蜗轮蜗杆； ② 检查有关继电器，调整继电器延时动作时间； ③ 调整换速时间
轿厢平层误差大，达不到平层要求	① 选层器上换速触头与固定触头位置不合适； ② 平层感应器与隔磁板的相对位置发生变化； ③ 制动器弹簧过松；制动带磨损；松闸间隙大；制动带有油污；制动轮有油污； ④ 个别继电器、接触器有延时释放现象； ⑤ 电梯超载； ⑥ 换速过晚； ⑦ 曳引轮绳过度润滑，曳引轮绳槽磨损、曳引绳打滑	① 调整； ② 调整； ③ 调整制动器弹簧；更换制动带；调整抱闸间隙；清除油垢； ④ 修复或更换有关继电器； ⑤ 严禁超载； ⑥ 调整换速时间； ⑦ 拭去过多的润滑油；重车或更换曳引轮
在预选的层站不停车	① 轿内选层继电器失灵； ② 选层器上减速动触头与预选静触头接触不良； ③ 预选层站的换速传感器损坏	① 修复或更换； ② 调整或修复； ③ 更换
在未选的层站停车	① 快速保持回路接触不良； ② 选层器上层间信号、隔离二极管击穿	① 检查、修复回路中继电器与接触器触点； ② 更换二极管
电梯到站平层后，轿厢不开门	① 开门电机回路中保险丝过松或熔断； ② 开门限位开关接点不闭合； ③ 开门继电器损坏或接线断； ④ 开门感应器损坏；	① 拧紧；更换； ② 检查调整或更换； ③ 检查更换； ④ 更换干簧管；

续表

故障现象	可能出现的原因	排除方法
电梯到站平层后，轿厢不开门	⑤ 平层器开门动、静滑块接触不良或未接触； ⑥ 开门机传动皮带松脱或断裂	⑤ 检查调整； ⑥ 调整或更换皮带
开门速度过慢或跳动	① 开门速度控制电路出现故障； ② 开门机皮带打滑； ③ 地坎槽内有异物卡阻； ④ 吊门滚轮损坏、有异物卡阻； ⑤ 门导轨变形或松动偏斜	① 检查低速开关门行程开关触点，若粘连则排除； ② 张紧皮带； ③ 清除异物； ④ 更换滚轮，清除异物； ⑤ 校正导轨，紧固连接件
轿门关闭时夹人	① 安全触板微动开关出现故障； ② 微动开关短路； ③ 安全触板传动机构损坏	① 排除或更换； ② 检查电路，排除短路点； ③ 更换损坏零件
轿门开关速度过快，噪声大且不变速	① 开门、关门短接分压电阻的开关接触不良，使电枢两端电压高且不能改变； ② 开、关门分压电阻的滑片与电阻接触不良； ③ 分压电路或分压电阻断路	① 修复接触不良的常开触点，损坏的予以更换； ② 清洁滑动电阻表面，调整滑片，使其与电阻接触良好； ③ 查找断路处，接好，修复或更换电阻
按下关门按钮后，门不关	① 关门按钮接触不良或损坏； ② 关门限位开关未复位； ③ 关门继电器故障； ④ 关门继电器线圈所串继电器、开关触点处接触不良； ⑤门电机故障或门电机线路故障； ⑥ 门电机传动皮带打滑	① 检查更换； ② 检查更换； ③ 适当更换； ④ 检查更换； ⑤ 检查门电机和线路，找出原因并排除； ⑥ 调整皮带张力或更换传动皮带

第十五章　物业安全管理

第一节　安防系统的建立及管理

一、安防系统

安防报警系统是智能住宅的重要组成部分之一，智能化住宅保安系统具有较高的自动化技术水平及完善的功能，安全性、可靠性高。每个住户单元的防盗、防灾报警装置通过网络系统与小区管理中心的监控计算机连接起来，实现不间断监控安防报警。安防系统包括：门禁系统、红外门磁报警、火灾报警、煤气泄漏报警、紧急求助、闭路电视监控、周边防越报警、对讲防盗门系统等。

1. 门禁系统

在住户入室门的门框上边中央位置安装一对门磁，住户可用钥匙正常打开大门，如果发生非法撬门，门禁系统会发出报警信号，并通过家庭防盗主机将信号传至小区物业管理中心，告诉值班人员是哪一栋、哪一户发生哪种类型报警，值班人员即可调度保安人员及时到现场处理。

2. 红外门磁报警

在容易入侵的大门（或窗户）的位置安装红外线探测器（或玻璃破碎探测器）、门磁开关报警器，当可疑者撬门（开门）或破窗想进入室内时，监控器进入工作状态并发出声光报警信号，同时通过监控网络系统在监控主机上显示出所报警的楼宇、单元、楼层、住户的具体位置及户主的基本信息等。

3. 防灾及应急联动

防灾主要是指三防（防火、防盗、防燃气泄漏）。设在控制中心的监控主机通过报警接收机或者专用通信网络，接收来自家庭智能控制的报警信号，系统能马上识别警报类型及警报发生的住户位置，并产生声、像报警。小区火灾报警采用烟雾探测器为主，消防联动控制需与区消防站连岗；防盗报警系统可采用常规门磁开关、双鉴探测器、玻璃破碎报警器等；防煤气泄漏探测器安装在厨房内，离地面 1 米处，当煤气浓度高于国家规定标准时报警。三防设备以可靠为主。

4. 小区停车场管理

其主流技术是采用较流行的感应式 IC 卡作为管理手段，同时具有红外遥控车库门开关（小于 8 米）和防盗报警功能及倒车限位等功能。

5. 紧急呼救系统

在住宅客厅、卧室等处设备紧稳呼救按钮，当家中有紧急事情发生如生重病、有盗贼闯入，需要求助时，只要急呼救按钮，物业管理中心收到信号就可以立即派人赶赴现场使住户得到及时的救助。

6. 闭路监控系统、电子巡更系统

在小区的围墙上设置自动红外对射式探测器，防止罪犯由围墙翻入小区作案，保证小区内居民的生活安全。电子巡更系统是一种基于无线通信技术的智能化系统，系统结构采用模块化设计，由中央 CPU 模块自动协调系统的运行，系统的覆盖范围大小可变。目前主流技术要求使用发射机的基本覆盖范围半径为 1 千米。系统通过报警接口模块将系统与专用电脑连接，可对参数进行调整，对系统运行情况可进行测试和系统故障自动诊断。在系统工作时自动记录事件的时间、日期、位置等信息。用户可在系统中任意加入电子地图，并在电子地图上做标记。系统设有口令，可防止无关人员错误操作。

7. 周边防越报警

在小区围墙上设置红外线对射报警系统，构筑起小区第一道保护屏障。当有人非法越墙时，就会立即报警，并触发周界摄像机跟踪摄像及录像。

二、安防系统的维护和管理

1. 维护基本条件

安防系统进行正常的设备维护所需的基本维护条件，做到“四齐”，即备件齐、配件齐、工具齐、检测仪器齐。

备件齐：每一个系统的维护都必须建立相应的备件库，主要储备一些比

较重要且损坏后不易马上修复的设备，如摄像机、镜头、监视器等。这些设备一旦出现故障就可能使系统不能正常运行，必须及时更换，因此必须具备一定数量的备件，而且备件库的库存量必须根据设备能否维修和设备运行周期的特点不断进行更新。

配件齐：配件主要是设备里各种分立元件和模块的额外配置，可以多备一些，主要用于设备的维修。常用的配件主要有电路所需要的各种集成电路芯片和各种电路分立元件。其他较大的设备就必须配置一定的功能模块以备急用。

工具和检测仪器齐：如各种钳子、螺丝刀、测电笔、电烙铁、胶布、万用表、示波器等，需要时还应随时添置，必要时还应自己制作如模拟负载等测试工具。

2. 设备维护中的注意事项

在对监控系统设备进行维护过程中，主要需做好防潮、防尘、防腐、防雷、防干扰的工作。

（1）防潮、防尘、防腐。对于监控系统的各种采集设备来说，由于设备直接置于有灰尘的环境中会对设备的运行产生直接影响，因此需要重点做好防潮、防尘、防腐的维护工作。在某些湿气较重的地方，则必须在维护过程中就安装位置、设备的防护进行调整以提高设备本身的防潮能力，同时对高湿度地带要经常采取除湿措施来解决防潮问题。

（2）防雷防干扰。雷雨天气易使设备遭雷击，给监控设备正常的运行造成很大的安全隐患，因此必须对防雷问题高度重视。防雷的措施主要是要做好设备接地的防雷地网，应按等电位体方案做好独立的地阻小于 1 欧姆的综合接地网，杜绝弱电系统的防雷接地与电力防雷接地网混在一起的做法，以防止电力接地网杂波对设备产生干扰。

第二节 小区人员及车辆出入管理

采用封闭管理的住宅小区，物业服务企业应对小区进出人员及车辆进行管理。

一、对小区进出人员的管理

1. 小区业主

小区业主出入凭有效的智能卡、安全出入卡进出，执勤秩序维护人员有责任在各出入口查验智能卡、安全卡，核对出入人员的身份。

2. 小区业主的亲戚、朋友、同事等来访人员

小区业主的亲戚、朋友、同事等来访人员，须在各入口处出示有效证件，并进行登记，由执勤秩序维护人员协助与业主进行联系，联系方式应以小区内部通信系统为主，避免因使用其他通信工具带来的不确定性。如确认业主家中无人时，婉言谢绝来客入内。

3. 民工、装修人员

民工、装修人员出入小区，应凭有效期内的出入证出入小区，证件遗失、损坏、过期者谢绝入内。

4. 因工作、业务关系、联系工作的外来人员

对于因工作、业务关系、联系工作的外来人员，须经物业被访问部室负责人同意后，进行验证登记，方可进入小区。

5. 维修人员

对于各维修单位负责工程质量维修的人员进入小区时，须经各管理中心主任同意后，方可进入。

二、对车辆出入的管理

1. 业主车辆出入

对于业主车辆出入，以电脑记录为基础，尽可能了解随行人员的情况。

2. 外来车辆

外来车辆进入小区需向物业门岗管理人员登记，提供车辆所有人姓名、车牌号码、车辆品牌和颜色等信息，核实信息无误后，为外来车辆颁发入场通行证。

外来车辆停放在小区内，需按照划定的停车位进行停放，不得占用居

民专用停车位。长时间停放的外来车辆需提前向物业有关部门申请，并获得物业管理人员的批准。外来车辆若未经登记或违反停车规定，物业有权拒绝其进入小区并按规定进行相应处理。

第三节 智能停车场的管理

智能停车场管理系统，是现代化停车场车辆收费及设备自动化管理的统称。是将停车场完全置于计算机统一管理下的高科技机电一体化产品。他以感应卡 IC 卡或 ID 卡（最新技术有两卡兼容的停车场）为载体，通过智能设备使感应卡记录车辆及持卡人进出的相关信息，同时对其信息加以运算、传送并通过字符显示、语音播报等人机界面转化成人工能够辨别和判断的信号，从而实现计时收费、车辆管理等目的。

随着技术的不断更新，智能停车场的功能也在增加。现阶段的停车场管理系统，多以车牌自动识别与卡片为信息载体，通过车牌自动识别或近距离卡片记录车辆进出信息，利用计算机管理手段确定停车计费金额，结合工业自动化控制技术来控制机电一体化外围设备，从而控制进出停车场的各种车辆。

第四节 消防安全管理

一、物业区域的火灾预防工作

物业服务企业应以日常的火灾预防工作为重点，加强消防管理。

1. 建立消防安全巡查制度

坚持管理人员和安保人员定时进行防火安全巡查制度，同时建立各类防火稽查档案，做好检查记录，发现问题及时上报。

由消防主管会同各部门防火负责人定期对物业管理区域进行消防安全检查，由消防监控领班对消防器材、设备、设施进行点检。

检查各层配备的消防灭火器材及消防栓设施是否齐全、有效。

检查各层配电房、风机房、茶水间及顶层电梯机房的电擎、电器等设施设备是否符合消防安全规定，门锁是否完好。

检查各层走廊、电梯厅、走火梯是否畅通，走火梯门、烟感探测器、指示灯是否正常。

消防主管应按时会同工程部专业人员对消防系统进行测试检查。

定期对物业公共区域、公共设施进行安全检查。

不定时抽查消防监控值班情况及监控人员对系统操作的熟练性、规范性。

对安全检查巡查过程中发现的违反消防管理制度的人员要严肃处理。

2. 制定消防应急方案

消防应急方案是根据物业自身特点而制订的，当火警出现时，管理人员、安保人员等应如何运作的行动指引。制定消防应急方案，应明确规范对火灾发现、报警、紧急广播、初期火灾处理、消防设备设施启用、灭火、自救、逃生、灾后处理等秩序。在编制消防应急方案时，主要应考虑物业的以下状况。

（1）建筑物结构、防火级别。

（2）疏散通道或消防分区设计、各单元或单位的最快撤离路线。注意物业现场的消防疏散指示标志必须与消防应急方案相符。

（3）消防设备设施配置状况（配置级别及种类数量、灭火能力、分布分量、消防取水点等）。

（4）业主的性质（商户或住宅），业主的年龄、性别、健康等情况（妇孺、残疾、病人的数量）。

（5）消防通道状况（畅通与否、可容纳多大尺寸的消防车辆进入）。

（6）通信保障（电话、对讲机等）。

（7）邻近医疗机构状况及急救用品配备。

3. 做好应对火灾的准备工作

定期检查、维修保养消防设施，使消防设施随时处于正常备用和可使用状态。

建立消防安全工作责任制，设专门部门负责全天 24 小时消防管理工作。

定期组织火警演习，培训员工及住户熟悉各类灭火设备的种类、使用范围及方法。

积极向住户开展防火宣传教育，制定并引导住户熟悉紧急状态下的逃生路线。

消防通道必须保持畅通无阻，指示灯及烟感报警系统正常使用。

4. 消防报警信号处理程序

消防监护中心当值保安员收到消防报警信号或电话报警时，用对讲机通知巡楼保安员或管理员及时到现场核实并向当值主管报告。讲清报警地点，将监控镜头定在报警楼层监视，并将情况及时向当值主管报告。

巡逻保安员或管理员接到消防监控中心当值保安员呼叫后，以最快速度赶到报警地点核实。若报警地点在公共区域，则直接进入报警地点检查；若报警地点在住宅单元内，则先按门铃，向住户简要说明理由后，进入报警地点检查；若报警地点在停车场内，则与停车场管理人员一起进入报警地点检查。

当值主管接到消防监控中心保安员报告后，及时带领机动人员以最快速度赶到报警地点现场检查。经现场检查确认为火警后，按初期火警处理程序处理。

消防监控中心当值保安收到当值主管指令后将信号复位并做好记录。

5. 组织消防演习

消防演习由物业服务企业保安部负责组织，其他部门配合。消防演习准备工作步骤如下。

（1）保安部拟订消防演习方案并报物业服务企业防火总责任人批准。

（2）保安部在消防演习前两周内对现有的保安员进行消防集训，锻炼队员的耐力和意志，以达到备战目的。

（3）请消防方面专家现场指导，以便全体队员能熟练掌握各种器材的性能和使用方法。

（4）演习前物业服务企业组织一次消防设施、设备检查，确保物业现有消防设备正常使用。

（5）物业服务企业确定演习日期和时间后，提前一周发文通知住宅区内各用户，并邀请业主参加演习。

（6）每次消防演习结束后，保安部须书面总结演习效果和经验教训，管理部负责搜集汇总大楼住户对消防演习的反馈意见并上报有关人员并存档。

二、消防应急救灾程序

消防应急救灾程序是物业管理项目在受到火灾侵害的情况下所采取的应急办法。消防应急程序如下。

1. 立即报警，切断电源或事故源

发生火警，及时切断电源；然后利用楼内的分隔装置，如防火卷帘门等，将事故现场隔断，阻止灾情扩大；同时立即将火警地点报告消防监控中心，消防中心值班人员立即通知巡逻保安或有关人员到现场确认，同时将监控镜头定在火警楼层进行监控。

若确认火警属实，立即通知保安部经理或消防中心负责人并报警，按计划迅速召集各部门义务消防队员尽快赶到火灾现场。

负责人指挥到场人员进行灭火和救人工作。

根据负责人的命令，消防中心用紧急广播通知需要疏散的用户或按警铃报警。

2. 疏散抢救

负责引导人员向安全区疏散，护送行动不便者撤离险境，然后检查是否有人留在着火房内；安置好从着火层疏散下来的人员。

疏散次序为先从着火房间开始，再从着火层以上各层开始。安抚着火层以下暂时不需要疏散的用户，使其不随意跑动。

组织员工引导用户沿着消防走火梯冲过烟雾下楼梯，派人带领不能从预定消防走火梯疏散的人员登上楼顶等待营救，并组织水枪喷射掩护。

3. 组织灭火

在消防救火车没来之前，抓紧时间组织救火。

启动消防水泵，备足着火层以上各层的消防出水量，铺设水带做好灭火准备，关闭防火分区的防火门。

携带灭火工具到着火房间的相邻和上下层的房间通道查明是否有火势蔓延的可能，并及时扑灭蔓延过来的火焰。

针对不同的燃烧采用不同的灭火方法。

4. 安全警戒

清除路障，指导车辆离开现场，劝导过路行人及无关人员撤离现场，维护好物业区域秩序。

不准无关人员进入火警区域，指导疏散人员离开火警现场，看管好从着火层搬运下来的物件。

阻止无关人员进入着火层，防止有人趁火打劫，保护好消防装备器材，指导疏散人员有秩序地撤离。

由物业当值的部分人员组成医疗救护小组，配备所需的急救药品和器材，设立临时救护站。其余人员对各自部门的重要资料和账簿进行保护或转移。

三、火灾扑救要求

物业服务企业应在火灾初起时，抓住时机，组织各部门义务消防队员，集中精力，迅速、果断地把火灾扑灭在初期阶段。要求做到以下六点。

（1）及时报警，组织扑救。

（2）集中使用力量，控制火势蔓延。

（3）消灭飞火（防止死灰复燃）。

（4）疏散人群及物资。

（5）积极抢救被困人员。

（6）做好善后工作。

火灾事故后，要拍片留证，估计损失及呈报详细的事件报告，待公安、消防部门及保险公司调查工作完成后，才能清理火灾现场。

四、发生火灾火警时的紧急疏散

1. 紧急疏散人员

（1）组织人员通过紧急通道、疏散楼梯等迅速撤离。

（2）在安全通道组织疏散，检查各房间内是否有人滞留。

（3）工程部将电梯停置在首层，检查轿厢内是否有人。

2. 转移危险品

首先应保证人员的生命安全。为避免险情扩大，应尽量将危险品转移至安全地带。

3. 抢救贵重财产

在确保人员安全的情况下，可将贵重财产运到安全场所。

4. 清点人员

疏散完毕后，各部门负责人对本部门人员进行清点，确保人员的安全。

五、物业管理中常见火灾的处理

1. 电器火灾

常见的电器火灾主要是由照明灯具、电热器、开关及熔断器、电动机等电器造成的，电器火灾具有燃烧猛烈、蔓延迅速及容易造成触电伤人的特点，因此在扑救中要适当注意，特别要注意断电灭火。当家用电器着火时，要立即切断电源，然后用干粉灭火器、二氧化碳灭火器进行扑救，或用湿棉被、帆布等将火熄灭。务必不能先用水救火，用水救火不仅可能会造成触电伤亡事故，而且达不到救火的目的，损失更加惨重。只有确定电源已经被切断的情况下，才可以用水灭火。

2. 液化石油气火灾

液化石油气具有挥发性、易燃性、爆炸性、膨胀性、溶解性、麻醉性等特点。造成液化石油气事故的主要原因有：角阀松动漏气、减压阀等胶圈老化脱落、输气管老化破裂、气瓶残旧破裂、纵火、违规倾倒等。家用液化石油气罐着火时，灭火的关键是切断气源。只要将角阀关闭，液化石油气罐阀口的火焰就会很快熄灭。如果阀口火焰较大，可以用湿毛巾、抹布等猛力抽打火焰根部，或抓一把干粉灭火剂撒向火焰，均可以将火扑灭，然后关紧阀门。如果阀门过热，可以用湿毛巾、肥皂、黄泥等物将漏气处堵住，把液化气罐迅速搬到室外空旷处，让它泄掉余气或交有关部门处理，同时务必做好监护，杜绝火源存在。

3. 焊割作业火灾

物业辖区内，不少装修、维修等工作涉及焊割作业。常见的火灾危险性较大的作业有电焊和气焊。电焊由于工作温度高，相对简陋，电器回路和电源线容易引发电器火火；气焊要使用易燃易爆的气体（氧气及乙炔等）；焊割作业的过程中会产生高温和金属焙融飞溅，因此其影响范围大，火灾危险性也大。物业安全管理中，对焊割作业一般采取动火审批制度，加强管理，保证安全。

4. 厨房火灾

厨房火灾中最常见的是油锅起火。油锅起火时要立即用锅盖盖住油锅，关闭燃气，切不可用水扑救、用手端锅，以防造成热油爆溅、灼烫伤人和扩大火势。如果油火撒在灶具或地面上，可使用手提式灭火器扑救，或用湿棉被、湿毛毯等捂盖灭火。

5. 儿童玩火引起的火灾

儿童玩火引起火灾多发生在厨房、床下等部位，在灭火的同时应迅速将液化气罐搬走，避免高温引起液化气罐爆炸扩大火势，然后用水灭火。

第十六章　物业保洁及绿化管理

第一节 日常的保洁管理

一、物业保洁日常工作的分类

物业保洁日常工作可分为以下三类。

1. 日常保养工作

日常保养工作指的是几乎每天都需进行的或每年进行密度十分大的工作。如道路的保洁、绿化带的保洁、楼梯间的保洁、垃圾的收集与处理等。

2. 周期工作

周期工作指的是定期的保洁。如对管井的清洁、地面的护养等。

3. 专项工作

专项工作是针对集中情况或某种事物进行的工作。如小区卫生消杀、新入住住户装修的垃圾处理、暴风雨来临前后的环境清洁工作等。

二、物业保洁日常管理的基本要求

1. 责任要分明

物业保洁管理是一项细致、繁重的工作，每天都要清运垃圾，清理、打扫涉及物业管理范围内的任何地方。因此，必须明确责任，做到“五定”，即“定人、定地点、定时间、定任务、定质量”。物业管理范围内的任何地方均应有专人负责清洁卫生，并明确清扫的具体内容、时间和质量要求。

2. 保洁要及时快速

保洁工作要体现及时性，每天产生的垃圾必须及时清除，做到日产日销，并建立合理的分类系统。

3. 计划安排要合理

物业管理公司应合理制订每日、每周、每月、每季、每年的清扫保洁工作计划安排。

三、制订清扫保洁工作计划

表 16-1 和表 16-2 为可供参考的某物业服务企业的保洁工作计划。

1. 楼内部分

楼内部分保洁计划可参考表 16-1 中列示的内容。

表 16-1　某物业公司的楼内部分保洁计划

清洁项目		日常工作及周期工作内容			清洁标准
		每天	每周	每月	
公共地面	大理石	每天配合清洁剂湿拖 1 次，并随时保洁	清洗 1 次	—	无污染、无灰尘
	水磨石	每天配合清洁剂湿拖 1 次，并随时保洁	清洗 1 次	—	无污染、无灰尘
	木地板	每天配合清洁剂推尘 1 次，并随时保洁	清洁 1 次	—	无污染、无灰尘
3 米以下墙壁	大理石	每天配合清洁剂擦抹 1 次，并随时保洁	—	—	无污染、无灰尘
	柱面	每天配合清洁剂擦抹 1 次，并随时保洁	—	—	无污染、无灰尘
	涂料	局部灰尘、污渍随时处理	—	—	无污染、无污渍
3 米以下墙壁	玻璃	每天配合玻璃清洁剂清洁 1 次，随时保洁	—	—	无污染、无灰尘、无印痕
消防楼梯	—	每天配合清洁剂湿拖 1 次，并随时保洁，	清洁 1 次	—	无污染、无污渍
楼梯扶手	—	上不锈钢油	全面清洁	—	无灰尘、无污渍

续表

清洁项目		日常工作及周期工作内容			清洁标准
		每天	每周	每月	
消防设施及其他设施	—	每天配合清洁剂擦抹 1 次，并随时保洁	全面清洁	—	无灰尘、无污渍
天台及相关设施	—	擦洗 1 次，随时保洁	全面清洁	—	无垃圾、无灰尘、无污渍
公共门窗	门、门框	每天配合清洁剂擦抹 1 次，并随时保洁	全面清洁	—	无灰尘、无污渍、无痕印、无手印
	窗体、窗台	每天配合清洁剂擦抹 1 次，并随时保洁	全面清洁	—	无灰尘、无污渍、无痕印、无手印
公共门窗	门窗玻璃	每天配合玻璃清洁剂清洁 1 次，随时保洁	全面清洁	—	—
公共洗手间	地面	拖扫数次，随时保洁	全面清洁	—	无灰尘、无污渍、无痕印、无脚印、无垃圾、无异味、保持清洁干净
	玻璃镜面	清洗数次，随时保洁	全面清洁	—	—
	洁具、洗手盆	清洗数次，随时保洁	全面清洁	—	—
公共洗手间	墙面、门框	擦洗 1 次，随时保洁	全面清洁	—	—
	垃圾桶	即时清倒垃圾，保洁	清洗消毒	—	—
植物、花盆	—	每天洒水 1 次，并随时清洁花盆	—	—	保持植物干净茂盛
不锈钢指示牌	—	每天配合不锈钢保养剂擦抹 1 次	—	—	无灰尘、无污渍

续表

清洁项目		日常工作及周期工作内容			清洁标准
		每天	每周	每月	
信报箱、不锈钢设施	—	每天用不锈钢保养剂清洁 1 次，随时保洁	全面清洁 1 次	不锈钢油	无灰尘、无污渍、无痕印、无手印
垃圾桶、垃圾箱	—	更换垃圾袋 1 次；清洁烟灰缸；及时整理清洁箱盖、箱身	全面清洁 1 次	—	无溢出垃圾、无异味

2. 楼外部分

楼外部分保洁计划可参考表 16-2 中列示的内容。

表 16-2　为某物业公司楼外部分保洁计划

清洁项目	日常工作及周期工作内容			清洁标准
	每天	每周	每月	
地面	每天清扫 1 次、随时巡查保洁	—	全面清洗 1 次	无垃圾、无污渍
指示牌	每天配合清洁剂擦抹 1 次、随时保洁	全面清洗 1 次	—	无灰尘、无污渍
射灯、路灯	每天配合清洁剂擦抹 1 次、随时保洁	全面清洗 1 次	—	无灰尘、无污渍
标识牌	—	配合清洁剂擦 1 次	—	无灰尘、无污渍
旗杆	1 米以下擦抹 2 次	配合清洁剂擦 1 次	—	无灰尘、无污渍
旗帜	—	—	清洁 1 次	无污渍、无痕印
水沟、管道	清洁 1 次	—	—	无垃圾、无污渍
楼房 2 米以下墙面	局部污渍随时清洁	—	—	无明显污渍

续表

清洁项目	日常工作及周期工作内容			清洁标准
	每天	每周	每月	
玻璃	每天配合玻璃清洁剂清洁 1 次	—	—	无灰尘、无污渍、无痕印、无手印
消防设施及其他设施	每天清洁 1 次	全面清洁 1 次	—	无灰尘、无污渍、无痕印
垃圾桶、垃圾箱	更换垃圾袋 1 次；清洁烟灰缸；及时整理清抹箱盖、箱身	全面清洁 1 次	—	无溢出垃圾、无异味
绿化带	—	清洁洒水 1 次	施肥 1 次	绿化带内无纸屑、烟头、杂物，植物干净、茂盛
垃圾清运	垃圾日产日销、垃圾站每天清洗 1 次	—	全面消毒 2 次	无溢出垃圾、无异味

3. 制定明确的保洁标准

标准是评价保洁工作的尺度。物业区域环境保洁的通用标准是“五无”，即无裸露垃圾、无垃圾死角、无明显积尘积垢、无蚊蝇虫滋生地、无“脏乱差”顽疾。

四、物业保洁作业指导书

物业保洁作业指导书就是指导员工进行保洁作业的方法与方式，把保洁作业的合理过程以文件的方式列示出来。其目的是通过对保洁人员进行技术性指导，提高其工作效率与品质，又好又快地完成保洁工作。

物业保洁作业指导书一般由以下内容组成。

（1）作业内容：此作业所需要做的事。

（2）物料内容：此工作所用到的物料。

（3）使用工具：本项保洁工作所用到的工具。

（4）注意事项：在操作时所遇到的问题与必须注意的地方。

（5）作业工时：完成此项保洁工作所需要的时间。

作业指导书编制完成后，应打印成册，组织保洁人员学习培训，掌握其中的内容，为今后在工作中顺利执行打下基础。新上岗的保洁员工培训完成后要经过考核，考核合格后，才可上岗。

第二节 绿化管理

绿化是构成管理区美化优化环境的重要因素，它能调节管区内局部生态平衡，因此要充分利用管区内的土地，搞好环境的绿化和美化。

绿化护养的机构设置应根据实际需要出发，可设专门部门，也可与清洁部门合并。

1. 保护绿化用地

绿化人员发现有下列行为，要及时加以劝阻和报告。

（1）未经许可，随意侵占公用绿地。

（2）攀折、损坏花草树木、园林小品。

（3）在绿地上停放、行驶各类车辆或堆放杂物。

2. 草坪的养护工作

（1）浇水。浇水全面到位，喷洒均匀，草坪无积水；草坪无冲散痕迹，无水坑；草坪水无外溢现象。

（2）施肥。施肥均匀、适当，无浪费、无过度施肥现象；施肥后都要及时浇水，避免蒸发浪费。

（3）除草。拔除的杂草成堆堆放，集中运到垃圾场。草坪无误伤；杂草根部清理干净；清理过的草堆无痕迹。

（4）修剪。修剪后的草坪高度一致，草坪无草末，清理过的草末无痕迹。

（5）补栽。草坪斑秃面积小于 0.5 平方米；移植的草坪根无外露；首次栽种后应浇透，视土壤墒情浇水，直到移植草苗成活。

3. 绿篱的养护工作

（1）浇水。春季天旱少雨，每周浇水一次；夏季雨水较多，一般两周浇水一次；冬季绿篱处于休眠状态，入冬前需浇一次防冻水。对生长在灰尘较多的环境中的绿篱，要经常喷水清洗绿篱丛冠，以增加观赏效果。

（2）施肥。施肥均匀、适当，无浪费、无过度施肥现象；施肥后都要及时浇水，避免蒸发浪费。

（3）除草松土。草地上无杂草、垃圾，杂草要除根；土壤均匀、平整。

（4）修剪。绿篱生长前期未成型之前，以密枝修剪为主，成型后以造型修剪为主。修剪的篱面要平整圆滑顺直，绿篱造型植物造型要优美、丰富，修剪下的枝叶要立刻清除。造型后，对生长超过篱面的枝条要及时剪除，超出篱面的枝条长度应控制在 10 厘米内。

（5）栽种。

（6）病虫害防治。

4. 树木的养护工作

树木的养护工作主要包括：修剪、除草和病虫害防治。

第十七章　客户服务管理

第一节　日常服务管理

物业客户服务的日常服务管理工作主要包括以下内容。

①负责管理责任区域清洁、绿化、治安、维修、接待、回访等服务工作。②负责派发缴费通知单、物业服务费催缴，张贴各种通知、告示和宣传资料等。③负责接待及处理业主咨询、投诉工作，并定期进行回访。④负责为业主办理入住、装修手续。⑤负责公司服务热线电话的值守，并收集掌握热线电话的所有记录，记录报修情况和服务质量，负责与业主联络沟通。⑥负责收集辖区内用户资料，做好用户档案的管理。⑦负责业主满意度调查工作，做好关于业主满意度调查等各种数据的统计分析工作。⑧负责做好辖区内对业主的宣传工作和调查工作。⑨对辖区内外的公共设施、消防设施、环境卫生、广告宣传海报进行监督管理。⑩完成公司领导交办的其他工作。

第二节　物业管理纠纷的投诉与处理

一、物业管理纠纷

物业管理纠纷是指在物业管理活动中，业主、业主大会、业主委员会、物业使用人、物业服务企业以及政府行政主管部门等在物业的使用、维修、管理活动中发生的争执。常见的纠纷一般包括：前期物业管理纠纷、物业相邻权纠纷、物业使用纠纷、物业维修养护纠纷、物业管理服务纠纷、物业行政纠纷等。

当业主与物业管理公司发生纠纷时，可能会向物业服务企业的有关部门、企业领导、主管部门、小区所在的市（区、县）的房产管理部门、物价局、土地管理局以及消费者协会等部门投诉，物业服务企业应提前制定应对各种纠纷的解决方案。

二、对物业服务企业投诉的主要内容

在物业管理与服务运行的过程中，引起物业管理投诉的原因很多，但概括起来主要有以下五个方面。

（1）对设备的投诉。主要包括：空调、照明、供水供电、电梯等，即使物业建立了对各种设备的检查、维修、保养制度，也不能保证消除所有设备潜在的问题。

（2）对服务态度的投诉。主要包括：不负责任的答复、冷冰冰的态度、爱理不理的接待方式等。

（3）对服务质量的投诉。主要包括：房屋及设施设备维修的质量和及时性、保洁服务的质量和及时性、安保人员的态度和服务质量，以及对其他服务的质量的投诉。减少业主/住户服务质量的投诉的最好方法是加强对服务人员的培训和管理。

（4）对处理突发性事件的投诉。

（5）相邻关系处理等。

三、物业管理投诉的途径

业主投诉的途径一般包括：电话、个人亲临、委托他人、信函邮寄、投送意见信箱以及其他方式。

四、物业管理处理投诉的要求

物业管理人在受理业主投诉时，除了要严格遵守服务规范外，还有以下四点要求。

①对投诉要“谁受理、谁跟进、谁回复”。②应安排相关人员尽快处理。暂时无法解决的，除必须向业主说明外，还要与其约定时间处理，实时跟进。③接受和处理业主投诉要做详细记录，并及时总结经验。④接受与处理业主的

投诉，要尽可能满足业主的合理要求。

五、物业管理处理投诉的程序

1. 记录投诉内容

在收到投诉时，应将投诉的内容详细记录，其中包括时间、地点、投诉人姓名、联系电话、所居住地、被投诉人及部门、投诉内容、投诉人的要求和接待人或处理人等。

2. 判定投诉性质

首先应确定投诉的类别，然后判定投诉是否合理。若投诉属于不合理的情况，应该迅速答复业主，婉转说明理由或情况，用真诚求得业主理解。

3. 调查分析投诉原因

通过各种渠道与方法调查该项投诉的具体原因，并及时进行现场分析，弄清投诉问题的症结所在。

4. 确定处理责任人

依据调查与分析后所获得的信息，确定该项投诉由谁（责任人或责任单位/部门）负责专项落实与处理。

5. 提出解决投诉的方案

由处理投诉事件的专项负责人或单位/部门根据业主投诉的要求，提出解决投诉的具体方案。

6. 答复业主

运用信息载体如信函、电话、传真、电子邮件以及走访等方式及时和业主取得联系，将投诉处理情况告知业主，经业主认可后立即按照方案付诸实施。

7. 回访

在投诉事件全部处理完毕后，一般要进行回访，向业主征询投诉事件处理的效果，如存在的不足或遗漏，对投诉处理的满意程度等。

8. 总结评价

物业管理人可以按月或季度将各类投诉记录文件给予归类存档，同时进行总结、检讨和评价。

六、处理物业管理投诉方法

1. 耐心倾听，不与争辩

要以真诚的态度、平和的心态认真耐心地听取业主的投诉，不要轻易打断。同时，可以通过委婉的方式进行提问，及时弄清投诉的原因和要求。对那些失实、偏激或误解的投诉，适度表示理解，不做任何敌对性、辩解性的反驳，以免发生冲突。

2. 详细记录，确认投诉

在倾听业主投诉的同时，应当面认真做好尽可能详细具体的投诉记录，并对业主所投诉的内容以及所要求解决的项目进行复述，确认准确地记录了业主投诉的事项。

3. 真诚对待，冷静处理

在倾听业主的投诉或不幸的遭遇时，首先要设身处地从业主的角度考虑，适当表示理解或同情。若业主投诉时情绪激动、态度粗暴，物业管理人员应冷静处理，必要时暂时离开，避免冲突。

4. 及时处理，注重质量

对业主投诉的要求要尽快给出处理意见和解决问题方案，立即行动，采取措施处理。拖延处理也是导致业主产生新的投诉一个重要原因，同时还要特别注重处理投诉的质量。

5. 总结经验，改善服务

在投诉处理的回访中，对业主提出的意见和建议要表示感谢。同时，将业主的投诉加以整理与分类，进行分析，总结教训与经验，完善和改进管理及服务工作。

第三节 投诉回访及满意度调查

一、投诉回访

回访是对客户关于受理过程、处理措施、结果及内部工作完成情况的征询。

1. **回访的方式**

（1）电话回访：在进行回访时，为了不影响业主的正常生活、工作，往往采用电话回访的方法。例如维修服务的回访。

（2）上门回访：与业主面谈、现场查看也是很好的回访方式。对所有投诉信息原则上一律采用入户拜访的方式回访业主/住户。一级投诉，由公司总经理带领相关人员进行拜访；二级投诉，由项目经理带领相关责任部门人员进行拜访；三级投诉，由客服、工程部门负责人进行拜访；四级投诉，由客服部相关责任人员进行拜访。

除上述两种回访方式，还可以采用网上回函、调查问卷等方式。

2. **回访的流程**

步骤一：按工作计划，与业主预约拜访时间。若是突发事件，则随时与业主预约请求拜访。

步骤二：按预约时间，携带《拜访业主会谈内容记录表》前往约定地点，对业主的意见、想法、建议进行记录。如有必要，当场做出合理、实事求是的解释。如不能当场解答业主的疑问或不能自行决定是否可以满足业主的要求时，应把业主的要求与想法记录在案并向上级领导反映，寻求解决方案。

步骤三：完成对业主的拜访工作后，认真填写《业主回访记录表》存档备查。

3. **回访的要点**

①回访时应虚心听取意见，诚恳接受批评，采纳合理的建议，做好回访记录。回访记录指定专人负责。②回访中如对业主的问题不能当即答复，应告知预约时间回复。③应及时整理业主的所有意见、要求、建议、投诉，快速做出反应，妥善解决和回访；重大问题向上级请示解决。做到件件有着落、事事有回复，回访处理率100%，投诉率力争控制在1%以下。④业主的投诉必须做好《业主投诉登记》，必须100%处理，必须100%回访，必要时多次回访，直至业主满意为止。

二、满意度调查

物业服务企业进行的满意度调查，多以问卷的形式进行。以下为物业服务企业的物业服务满意度调查的内容示例。

（1）您对物业服务人员的统一着装、佩戴工牌是否满意？

a. 满意　　b. 一般　　c. 不满意

（2）您对物业服务人员的行为规范、热情服务是否满意？

a. 满意　　b. 一般　　c. 不满意

（3）您对物业的 24 小时服务热线、人员值班情况是否满意？

a. 满意　　b. 一般　　c. 不满意

（4）您对小区的绿化、景观是否满意？

a. 满意　　b. 一般　　c. 不满意

（5）您对小区的卫生是否满意？

a. 满意　　b. 一般　　c. 不满意

（6）您对小区的公共秩序是否满意？

a. 满意　　b. 一般　　c. 不满意

（7）您对小区的消防、车辆管理及外来人员控制是否满意？

a. 满意　　b. 一般　　c. 不满意

（8）您对小区的安全保卫工作是否满意？

a. 满意　　b. 一般　　c. 不满意

（9）您对小区的公共设施、设备的配置是否满意？

a. 满意　　b. 一般　　c. 不满意

（10）您对小区的公共设备的正常运行是否满意？

a. 满意　　b. 一般　　c. 不满意

（11）您对小区工程维修的及时性、质量、跟进回访是否满意？

a. 满意　　b. 一般　　c. 不满意

（12）您对物业管理费的收取及使用情况是否满意？

a. 满意　　b. 一般　　c. 不满意

（13）您对物业服务的期望和建议：________________________。

第十八章　特约服务及综合经营服务

第一节 特约服务管理

一、物业管理特约服务的含义

物业管理特约服务是指物业服务企业为业主提供的特别约定的专项服务，是业主自愿、自主选择的，针对个体服务对象提供的差异或无差异服务。是按照业主的要求而提供的个性化服务。

设计规划特约服务的出发点是方便周到地满足业主提出的、不违背公共利益原则的特殊服务需求。物业的特约服务要满足消费者的心理，业主想要得到的是方便，应该在给业主最大方便的同时，尽量满足业主的消费心理，制定可以让业主接受的价格，并且提供的服务要符合标准。

二、物业管理特约服务的内容

常见的特约服务有以下几类。

1. 装修服务

物业服务企业要优化选择具有相关资质和知名度较高的装修公司，符合国家环保要求的装饰材料供应商，以及环境监测、检测单位，为业主房屋装修提供便利，开展装修服务活动。

2. 一站式社区自助缴费系统

物业服务企业为方便业主生活，为业主办理一站式社区缴费业务，方便业主不出社区就能缴纳水、电、气、暖、电视、电话、宽带等各项费用。

3. 在特殊节日为业主送鲜花、铺地毯、挂条幅

为促进业主与物业的交流与沟通，体现人文关怀，在业主入住、生日或婚礼日等，物业服务企业开展送鲜花、铺地毯、挂条幅等活动。

4. 送餐、厨师上门服务

为了适应现代生活需求和业主家庭生活的需要，物业服务企业根据业主的订餐需求，提供免费的送餐服务或有偿的厨师上门服务。

5. 金钥匙管家服务

为业主提供物业法规咨询、房地产、金融、保险等信息业务服务，业主有任何生活上的问题或服务需求，都可以告诉管家，管家会认真负责且尽心尽力处理好，并随时告知业主处理进程和结果，为业主节省很多宝贵时间和精力。

6. 组织参观、游览

利用节假日组织社区的老人和儿童到周边环境优美的场所参观游览，如动物园、旅游景点等。

7. 代叫车及护送服务

代业主叫出租车，并在大门口或随车在地下车库单元口迎接业主，提供随侍护卫，护送深夜归来的业主到家门口。

8. 其他服务

①送病人就医、喂药、医疗看护服务；②代请钟点工、保姆、家教、家庭护理员，代做家政服务；③代住户设计小花园，绿化阳台，更换花卉盆景等；④代办各类商务及业主、使用人委托的其他服务项目；⑤代接、送儿童上学、放学等服务。

三、开展特约服务的基本原则

物业服务企业开展特约服务，应本着如下原则进行。

①提供优质服务；②保证时效性；③提供服务时不影响其他客户；④保本微利；⑤社会效益与经济效益相结合；⑥严禁服务人员与客户私下结算，不接收客户任何财物。

四、开展特约服务注意事项

物业服务企业在开展特约服务时，要注意以下情况。

如果客户提出的服务要求超出了物业服务企业的服务范畴，由客户服务中心上报公司经理后，协商解决。

特约服务工作应在保证物业服务企业本职工作能够顺利完成的基础上进行。

第二节 物业综合经营服务管理

一、物业综合经营服务的含义

物业综合经营服务是指与房屋楼宇及住宅小区的业主生活、工作、生产相配套的、为方便业主生活而开展的多种特约便民服务和经营服务。

根据业主的不同的需求，因地制宜地开展物业综合经营服务，不仅能方便业主的生产、生活，提高他们的生活质量，而且能拓宽物业管理的经营思路，增加物业服务企业的收入，增强物业服务企业的活力，巩固、发展和壮大物业服务行业。

二、物业综合经营服务的特点

物业服务企业的综合经营服务项目可谓各种各样，应有尽有。因此，项目多样化和服务全方位，成为综合经营服务最显著的特点。

1. 服务消费的连锁性

综合经营服务的内容往往是相互关联、相互补充的，业主对服务消费的需求在时间上和空间上是相互衔接的，这样就有可能由一种消费引来另一种消费。例如，在为用户提供装修服务时，必然涉及垃圾清运服务；用户在接受停车场的服务时，必然会有洗车服务的需求。

2. 服务对象的需求千差万别

在业主和使用人中，客观上存在着社会地位、年龄、健康状况、经济收入、职业个性、生活方式等多方面的差别。这些差别使得服务对象的需求千差万别。例如，某些业主会要求停车、洗车服务，双职工家庭会要求托幼服务，老弱病残者会要求护理服务等。

3. 生活水平提高带来需求层次上升

随着人们生活水平的不断提高，业主的居住行为、生活和工作方式也发生了巨大的变化，他们不断地提出更加多样化的服务需求，使服务消费水平呈现出总体上升的趋势，即需求层次上升。

三、物业综合经营服务的基本要求

物业综合经营服务的基本要求是高效、优质。而高效、优质的服务，必须满足下列要求。

1. 效用

这是业主对服务者的相应素质和使用价值的需求，它是由服务者的知识、技能或体力转化所带来的实际效果。

2. 方便

这是业主在讲究效用的同时，对省时、省力的服务需求，又称对时空效果的需求。例如，报修方便、修理及时，生活服务使业主足不出户就能得到满足。

3. 态度

这是业主对服务者行为方式的需求。为了提供高效、优质的服务，服务者必须与业主沟通，协调一致，贴心周到，取得业主的信任。

4. 满意

这是业主对于效用、方便和态度的心理感受，也是对服务是否高效优质的总体评价。

物业服务企业应千方百计地提供“大管家”式的服务，创造一个以物业为中心的，有利于业主生活与工作的“微型社会”，通过高效、优质的综合服务实现物业管理的服务宗旨。

四、物业综合经营服务的条件

综合经营服务的条件，从总体上看可以分为两个：一是硬件；二是软件。“硬件”是指资金和场所（包括建筑物）；“软件”是指经营内容或项目，以及经营思路和体制。硬件是解决经营什么的问题，软件是解决如何经营的问题。具体而言可归纳为以下三个方面的内容。

1. 筹措资金

在开设综合经营服务项目时，如果没有上级主管部门的拨款就要自筹资金，具体包括：①以物业服务企业的信誉直接进行借贷；②抵押贷款；③向其他单位进行融资，或者向职工和社会集资。

总之，要调动各方面的积极性，想尽一切办法，解决资金的来源问题。

2. 寻找场地（包括建筑物）

房屋和场地主要是利用开发过程中建设配套的公共建筑设施，如新建建筑的底层、裙房就是规划设计中的经营场所，物业服务企业可以按照原设计用途与开发商或业主约定对此加以利用。如果物业管理区域内的配套房屋和场地不能满足多种经营服务的需要，需要新建扩建，就要注意合理选址，不能占用绿地、道路、广场、停车场（库）等已设定专门用途的用地和空间，避免损害业主的利益，引起纠纷。

3. 选择经营内容或项目

在经营内容或项目的选择上，可以参考以下原则。

①日常生活类优先。物业服务企业应该优先开设诸如吃、穿、用、行等日常生活方面的服务项目。②消费周期短、使用频繁的项目优先。如一日三餐、生活必需品。而消费周期长，使用不频繁的项目可暂缓考虑。③易损易耗品优先。如小五金、小家电在日常生活中容易损坏，其维修项目可先行开设。④优势特色项目优先。若物业服务企业有房屋维修工程队、机电设备维修部等，可开设装饰装潢服务经营部，连带经销建材等，也可开设家电维修服务中心等。⑤中介服务项目优先。保姆、保洁、钟点工、房产评估、房产租售代理等中介性质的服务，若物业服务企业在此方面有足够的资源，也可优先开设。

五、物业综合经营服务中的注意事项

1. 注意协调各方面的关系

在开设综合经营服务项目时，物业服务企业与街道、房管所等单位有时会形成竞争关系，产生一些矛盾，要注意协调好关系。此外，在综合经营服务过程中，还会与煤气、市政部门、供电局、环保部门和食品卫生部门发生各种关系，只有协调好与这些部门的关系，才能搞好综合经营服务。

2. 注意经营服务的质量

综合经营服务质量具有两层意思：一是综合经营的产品质量，二是服务质量。物业服务企业一方面要杜绝经营假冒伪劣产品；另一方面要规范服务，树立服务企业的良好形象，提高企业内部管理水平，加强员工考核，真正做到为业主提供优质服务。

3. 注意避免污染环境

有的物业服务企业在开发综合经营服务项目时，往往会带来噪声、废气、灰尘、煤烟、污水等，给居民的生活环境带来不良影响。有的物业服务企业的经营场所阻挡了道路，造成居民交通不便，或侵占了绿地，影响环境美化。因此物业服务企业在开发经营服务项目时，应尽量避免这些现象的发生。

第十九章　物业管理中的突发事件及处理流程

第一节　物业管理中的突发事件

一、物业管理突发事件的概念

物业管理突发事件，是物业管理服务活动过程中突然发生的，可能会对服务对象、物业服务企业和公众产生危害，需要立即处理的事件。

二、物业管理中的突发事件的概况

突发事件是否发生、何时何地发生、以什么方式发生、发生的程度如何，均是难以预料的，具有极大的偶然性和随机性。

突发事件的复杂性不仅表现在事件发生的原因相当复杂，还表现在事件发展变化的形势相当复杂。

不论是什么性质和规模的突发事件，都会不同程度地给社区、企业和业主造成经济上的损失或精神上的伤害，给他们的工作和生活秩序带来不良的影响，甚至威胁到人的生命安全和社会的和谐。

面对突如其来的、不可预见的突发事件或困境，必须立即采取行动以避免造成灾难和扩大损失。面临紧急情况要及时发现、及时报告、及时响应、及时控制和及时处置。

三、处理物业管理突发事件的要求

在发生突发事件时，物业服务企业应尽可能努力控制事态的恶化和蔓延，把因事件造成的损失减少到最低限度，在最短的时间内恢复正常。管理人员不能以消极、推脱甚至是回避的态度来对待，应主动出击，直面矛盾，及时处理。

随着事件的不断发展、变化，管理人员应灵活运用原定的预防措施或应对方案，针对各种环境与条件的变化，提出新的、有效的处理措施和方法。

在突发事件发生后，负责人应做好统一的现场指挥，安排调度，以免出现“多头领导”，造成混乱。

处理突发事件应以不造成新的损失为前提，不能因急于处理而不顾后果，造成更大损失。

随着现代科技的发展和文明程度的提高，物业服务企业对各种突发事件的控制和应对能力也应不断提高。

四、物业管理中的突发事件的处理流程

突发事件的处理流程可以分为事先准备、事中掌控和事后处理三个阶段。

（一）事先准备

1. 成立突发事件处理小组

突发事件处理小组应由企业的高层决策者、公关部门领导、质量管理部门领导、技术部门领导及法律顾问等共同参加。

2. 制订应对突发事件的方案

突发事件处理工作小组必须细致地考虑各种可能发生的紧急情况，制订相应的行动方案，一旦出现紧急情况，小组就可按照应急计划立刻展开行动。对物业管理常见的突发事件，不仅要制订应对方案，而且针对同一种类型的事件要制订两个以上的备选方案。

3. 制订突发事件沟通计划

沟通时控制突发事件的一项重要工作。沟通包括企业内部沟通和与外部沟通两个方面。物业服务企业应制订内部沟通和外部沟通的两套沟通流程与话术。

（二）事中控制

在发生突发事件时，首先必须确认危机的类型和性质；然后立即启动相应的行动计划；负责人应迅速赶到现场协调指挥；调动各方面的资源化解事件可能造成的恶果；对涉及公众的突发事件，应指定专人向外界发布信息，

避免处理过程受到干扰。

（三）事后处理

对于突发事件的善后处理，一方面要考虑如何弥补损失和消除事件的后遗症；另一方面，要评估应急方案的有效性，改进处理突发事件的组织方式、制度和流程，提高物业服务企业应对突发事件的能力。

第二节 典型突发事件的处理

在物业管理服务过程中经常面临的突发事件有火警、气体燃料泄漏、电梯故障、噪声侵扰、电力故障、浸水漏水、高空坠物、交通意外、刑事案件、台风袭击以及传染病等。下面对这些典型突发事件的处理流程进行介绍。

1. 火警

（1）了解和确认起火位置、范围和程度。

（2）向公安和消防部门报警。

（3）清理消防车道，准备迎接消防车入场。

（4）立即组织现场人员疏散。在不危及人身安全的情况下抢救物资。

（5）组织义务消防队。在保证安全的前提下接近火场，用适当的消防器材控制火势。

（6）及时封锁现场，直到公安和消防部门到达现场。

2. 燃气泄漏

（1）当发生易燃气体泄漏时，应立即通知燃气公司。

（2）在抵达现场后，要谨慎行事，不可使用任何电器（包括门铃、电话、风扇等），也不可敲击金属，避免产生火花。

（3）立即打开所有门窗，关闭燃气闸门。

（4）情况严重时，应及时疏散人员。

（5）如发现有受伤或不适者，应立即通知医疗急救单位。

（6）燃气公司的工作人员到达现场后，应协助其彻底检查，消除隐患。

3. 电梯故障

（1）当乘客被困电梯时，安保监控室应仔细观察电梯内情况，通过对讲系统询问被困者并予以安慰。

（2）立即通知电梯专业人员到达现场救助被困者。

（3）被困者中如有小孩、老人、孕妇，以及出现人多供氧不足的情况，须特别留意。必要时应请消防协助。

（4）督促电梯维修保养单位全面检查，消除隐患。

（5）将此次电梯事故详细记录备案。

4. 噪声侵扰

（1）接到噪声侵扰的投诉或信息后，应立即派人前往现场查看。

（2）必要时通过专业设备，确定噪声是否超标。

（3）判断噪声侵扰的来源，针对不同的噪声源，采取对应的解决措施。

（4）与被噪声影响的业主做好沟通、解释。

5. 电力故障

（1）若供电部门预先通知暂时停电，应立即将详细情况和有关文件信息通过广播、张贴通知等方式传递给业主，并安排相应的电工人员值班。

（2）若属于因供电线路故障造成的突发停电，有关人员应立即赶到现场，查明确认故障源，立即组织抢修。有备用供电线路或自备发电设备的，应立即切换供电线路。

（3）突发电线故障停电时，应立即派人检查电梯内是否有人，做好应急处理。同时立即通知住户停电的情况，加强消防和安全防范管理措施，确保不因停电而发生异常情况。

（4）在恢复供电后，应检查所有电梯、消防系统、安防系统的运作情况。

6. 浸水、漏水

（1）检查漏水的准确位置及所属水质（自来水、污水、中水等），设法制止漏水（如关闭水阀）。

（2）若漏水可能影响变压器、配电室和电梯等，通知相关部门采取紧急措施。

（3）利用现有设备排除积水，清理现场。

（4）对现场进行拍照，作为存档及申报保险理赔的证明。

7. 高空坠物

（1）在发生高空坠物后，有关管理人员要立即赶到现场，确定坠物造成的危害情况并拨打 110 报警。如有伤者，要立即送往医院或拨打急救电话；如造成财物损坏，要保护现场、拍照取证。

（2）尽快确定坠落物来源。

（3）确定坠落物来源后，及时协调受损（或受害）人与责任人协商赔偿。

（4）事后在恰当位置张贴“请勿高空抛物”的标识，并通过多种宣传方式，使业主自觉遵守社会公德。

8. 交通意外

①在物业服务企业的管理区域内发生交通意外事故，安全主管应迅速到场处理并拨打 122 报警。②有人员受伤应立即送往医院，或拨打急救电话。③如有需要，应对现场进行拍照，保留相关记录。④应安排专门人员疏导交通，尽可能使事故不影响其他车辆的正常行驶。⑤应协助有关部门尽快予以处理。⑥事后应对管理区域内交通路面情况进行检查，完善相关交通标识、减速坡、隔离墩等设置。

9. 刑事案件

①物业服务企业或控制中心接到案件通知后，应立即派有关人员到现场。②如证实发生犯罪案件，要立即拨打 110 报警，并留守人员控制现场，直到警方人员到达。③禁止任何人在警方人员到达前触动现场任何物品。④若有需要，关闭出入口，劝阻住户及访客暂停出入，防止疑犯乘机逃跑。⑤积极协助警方维护现场秩序和调查取证等工作。

10. 台风袭击

①在公告栏张贴台风警报。②检查公共区域的门窗是否关闭，提醒业主关闭门窗。③检查天台和外墙广告设施等，防止坠落伤人，避免损失。④检查排水管道是否通畅，防止淤塞。⑤物业区域内如有维修棚架等，应通知施工方采取必要防护和加固措施。⑥有关人员值班待命，并做好应对准备。⑦台风过后要及时检查和清点损失情况，采取相应措施进行修复。

11. 传染性疾病

传染病是由各种病原体引起的能在人与人、动物与动物或人与动物之间相互传播的一类疾病。

物业管理区域内的传染病疫情事件的预防和处理，应当持科学客观的态度，以政府相关卫生防疫机构为主，积极配合相关部门开展传染病疫情事件的预防和处理工作，加大管理区域内的环境维护和宣传力度。具体应当做到以下内容。

（1）建立疫情防控工作小组。由小区业主委员会和物业服务企业组织，负责制定疫情防控工作计划，明确工作职责和操作细节。

（2）加强人员管理和登记。小区物业服务企业应加强对进出小区人员的登记，确保了解小区居民和访客的身份信息，以便及时联系、跟踪和排查。

（3）加强宣传和教育工作。物业服务企业应加强对居民的疫情宣传和防控知识的普及。通过小区广播、微信群、张贴宣传海报等方式，提醒居民注意个人卫生和防护措施。

（4）加强消杀工作。物业服务企业应加大对小区公共区域和设施的清洁消毒力度，确保居民生活环境的卫生。

（5）停止非必要的公共活动和聚会。在疫情发生期间，要暂停小区内公共设施的使用，停止小区内非必要的活动和聚会，以减少人员聚集和接触的机会。

（6）封控和排查。在疫情发生后，可根据具体情况，配合防疫部门采取相应的封控措施，对已经感染的居民进行排查和隔离。

（7）配送和服务保障。物业服务企业应确保疫情期间物业服务的正常进行，加强居民基本生活服务的保障，如生活物资的配送、日常垃圾的清运等。

第五部分
智能管理及信息技术的应用

物业服务企业的从业人员应该掌握物业公众平台、物业APP平台在现代物业管理中的作用，熟悉物联网技术、大数据在物业管理中的应用，了解BIM（建筑信息模型）在物业管理中的应用及发展。

第二十章　智能化建筑的物业管理

第一节　物联网技术在物业管理中的应用

一、何谓物联网

物联网即“万物相连的互联网”，是以互联网为基础的延伸和扩展的网络，是将各种信息传感设备与互联网结合起来而形成的一个巨大网络，实现人、机、物在任何时间、任何地点的互联互通。

物联网主要的连接技术是网络层，分成两种：一种是网关与传感器之间的联接，称之为局域网联接，有对应的协议；一种是直接接入，并与数据中心或云平台的中控平台连接，称之为广域网联接。目前广域网也有多种接入技术，但不管哪种接入技术是都需要通过标准的通信协议，才能建立起对话。常用的通信协议是 MQTT，由 IBM 公司开发，构建于 TCP/IP 协议之上。

二、物联网时代物业管理的服务模式

物联网时代的物业管理服务模式包括：智能化的设备管理和维护、智能化的社区服务和安全管理、智能化的设备与业主互动。

1. 智能化的设备管理和维护

智能化的设备管理和维护是物联网技术在物业管理中的核心应用。物业管理公司可以通过安装物联网设备，对房屋、电梯、空调等设施进行智能化管理和维护，实现设备的远程监控、预警、维修等功能。此外，物业管理公司还可以通过智能化设备的管理，实现设备的节能、环保等目标，提高物业管理的效率和经济效益。

2. 智能化的社区服务和安全管理

智能化的社区服务和安全管理，是物联网技术在物业管理中的重要应用之一。物业服务企业可以通过智能化系统实现社区的安全监控、门禁管理、

停车管理等服务，提高社区的安全性和便利性。此外，物业服务企业还可以通过智能化设备和系统，为业主提供更加个性化、精准化的服务，提升服务质量和用户满意度。

3. 智能化的设备与业主互动

使用智能化的设备与业主互动，也是物联网技术在物业管理中的重要应用之一。通过智能化设备和物业管理系统，业主可以随时随地了解物业管理的信息和服务，通过手机 APP 等平台实现物业管理的自助服务。同时，物业管理公司也可以通过智能化系统，了解业主的需求及反馈，提高服务的响应速度和满意度。

三、物联网技术在物业管理中的应用优势

传统的物业管理方式通常需要大量的人力资源，而且在操作过程中可能存在一些疏漏或者不规范的情况。而物联网技术的应用可以将这些问题很好地解决，从而实现物业管理的智能化。

1. 物联网技术可以实现对物业设施的智能监控和管理

首先，通过安装传感器和控制设备，物业管理人员可以实时监测物业设施的运行状态，包括水、电等与公共设施的使用情况，以及楼宇安全设备的运行状态等。同时，通过物联网平台的数据分析，可以实现对设施的智能管理，包括设备的远程控制、运维管理、预测性维护等。这样可以大大提高物业的设施运行效率和管理水平，节约物业管理成本。

其次，物联网技术可以实现对业主的智能化服务。通过物联网平台的数据分析和业主信息管理系统的建立，物业管理人员可以了解业主的需求和习惯，提供更加人性化和定制化的服务。比如，提供智能化的维修服务，提供公共设施的预约服务，等等。这样可以提高业主的满意度和居住体验。

最后，物联网技术还可以实现物业管理过程的智能化。通过物联网平台的数据分析和管理，可以实现物业管理过程的数字化和自动化，包括物业费用的自动核算、自动结算和缴费等。这样可以减少人力资源的使用，提高物业管理的效率和质量。

2. 保障物业平台的流畅性

物联网技术可以实现物业设备的实时监测和管理，通过传感器、智能设

备等技术手段，可实时采集设备的运行状态和故障信息，进行自动诊断和预警处理，及时解决设备故障，提高设备的可靠性和稳定性。

物联网技术可以提供可视化的平台管理工具，将管理系统与物联网技术相结合，实现物业平台的可视化、智能化管理。通过云计算、大数据等技术手段，实现物业数据的集中管理和分析，可视化地呈现物业信息，便于管理人员快速决策和操作，提高管理效率和服务质量。

物联网技术可以提供智能化的安全保措施，通过智能门禁、智能监控等技术手段，保障小区内的安全，防止不法分子进入小区进行破坏，提高小区的安全性和安全管理效率。

3. 为不同业主提供精准服务

传统的物业管理往往是以群体为单位进行管理，但是随着物联网技术的发展，物业管理可以实现对不同业主的个性化服务。通过收集业主的信息，物业服务企业可以分析业主的需求和偏好，并提供有针对性的服务。例如，根据业主的消费水平为其推荐适合的物业服务、根据业主的生活习惯为其制订更加人性化的服务计划。

另外，物联网技术还可以实现业主需求的精准响应，通过智能设备和数据分析，物业公司可以实时掌握业主的需求，并对这些需求进行精准响应。例如，当业主需要维修时，物业公司可以通过智能维修系统及时派遣工作人员前往处理；当业主需要查询物业费用时，物业公司可以通过智能查询系统及时为其提供详细的费用清单。这样不仅可以提高业主的满意度，也可以为物业公司带来更多的商业机会。

第二节　大数据在物业管理中的应用

一、大数据的内涵

大数据是一种通过信息技术处理数据的技术，人们对大数据的定义具有多元性，通常将“大”理解为“广”，把“数据”理解为“信息资源”。大数据包括各种结构化、非结构化和半结构化数据，如人们常见的多媒体数据、移动数据、传感器数据、计算机数据等。数据采集、数据储存、数据分析是主要的大数据技术，可以通过 ETL 引擎搜索引擎、数据流引擎等技术，集成离散数据源，统计分析、模型预测提取有用信息，并采用云存储、分布式文件存储等管理数据。

大数据包含巨量资料，远远超出人脑的存储量，通过大数据技术的应用，可以对信息资源进行快速访问，数据识别能力极强，可以满足人们获取数据的需求。

二、大数据的特点

大数据具有强大的功能，能够为各个领域的创新提供机遇，实现革命性的改革。大数据主要有以下三大特征。

第一，时效性。随着互联网技术的发展，数据传输速度更快，用户之间能够更有效地进行信息交互。

第二，多样性。大数据的来源广泛，信息极为丰富，类型也多种多样，也包括文字、图片、声音、视频等。

第三，功能性。结构化、半结构化和非结构化是大数据的主要形式，不同的结构数据所呈现的功能不同，在各自区域发挥着重要作用，可以在短时间内实现数据应用的目的。

三、大数据在物业管理中的应用

随着信息化、智能化产业的发展，大数据已经深入人们的生活中，对各行各业产生了巨大影响。物业服务企业应把握发展机遇，将数据有效整合，通过对数据的研究和分析，有效利用数据创造价值。同时，通过计算机在线分析、数据挖掘等技术手段，构建数据服务平台，最大限度地发挥数据服务作用，提高物业服务企业的核心竞争力。

大数据的有效利用，大大降低了物业管理成本，提高了工作效率。在基于大数据创新物业管理策略的过程中，物业服务企业需要找到适合自身发展特点的模式，利用云计算、物联网、移动终端等技术，促进物管理智能化的发展。大数据在物管理中的应用主要体现在以下几个方面。

一是收集客户基础的信息，如业主的姓名、房间号等，但这些信息具有隐私性，不得随意公开。

二是收集物业管理工作所涉及的所有信息，以便提供更高效的服务。

三是数据转化应用。通过先进技术和智能手段开展物业管理，如停车场管理、设施设备管理、绿化建设等，提高物业管理质量的同时，节约管理资源和成本，创造新的商业模式。

第三节 物业社区 O2O 平台

一、物业社区 O2O 平台的含义

物业社区 O2O 平台是指在一个地域范围内，由云计算服务提供商统一提供计算资源、软件应用和落地服务所形成的数字社区，即通过对签约社区业主资源的整合，结合业主需求的共性，由云应用实现对业主进行统一流程的服务模式。实现绿色、环保、低碳的物业服务目标。

物业社区 O2O 平台是近年来互联网创业的热门领域。它以社区为载体，连接线上和线下的服务，为居民提供便捷、高效、优质的生活消费体验。作为社区的管理者和服务者，物业服务企业有着得天独厚的优势和机遇，可以借助社区 O2O 平台，实现物业管理的转型升级，提升业主的满意度和忠诚度，增加物业服务企业的收入。

物业社区 O2O 平台不仅是电商平台和物业管理工具，也是综合性的社区生态系统，涵盖了物业服务、家庭消费、邻里社交、智慧社区等多个方面。

物业公司要根据自身的资源和能力，确定自己在物业社区 O2O 平台中的角色和定位是平台的搭建者、运营者、合作伙伴还是参与者？是提供全方位的服务还是专注于某个细分领域？是以收取佣金、广告费、会员费等方式盈利，还是以提升物业费收缴率、降低运营成本等方式节省开支？物业服务企业要根据自己的目标和定位，制定合理的发展策略和执行计划。

二、社区生活服务 O2O 平台构架

1. 网站

网站是指一个基于云计算架构的社区服务网，其中包括各种云应用，业

主可以通过这个网站了解信息、下达订单、投诉商家和申请售后服务。

2. 服务中心

设置 400 电话，业主可以通过呼叫中心了解信息、下达订单、投诉商家和申请售后服务。

3. 社区服务站

业主可以在社区服务站了解信息、下达订单、提取货物、投诉商家和申请售后服务。服务提供商将每个社区的货物集中送到服务站，业主可以在这里自己取货也可以由物业公司二次分发派达。

4. 不开放自主注册

由物业服务企业提供业主基本信息，社区生活服务 O2O 平台为每个签约小区的业主建立一个账户，不论从哪个渠道下订单，都统一到该业主的账户上。若与银行合作，还可发行虚拟充值卡，业主可通过购买充值卡来购买服务，并获得优惠折扣。

三、社区生活服务 O2O 平台的服务内容

1. 政府政务服务

政府政务服务包括政府信息服务、公共行政服务、公共信息服务、交通信息服务、应急信息服务。

2. 物业管理服务

物业管理服务包括小区公告通知、业主留言、客户关系管理、网上报修、服务预约、交费。

3. 业主个性服务

物业提供的个性服务包括：个人主页、通讯录、相册、活动、我的日志、我的群组、我的一家、留言墙等内容。

4. 社区交流服务

社区交流服务包括：方便业主和物业、服务提供商之间的互动、互助、互学等服务，例如开展线上业主摄影展。

5. 社区生活服务

社区生活服务包括：绿色果蔬配送、杂粮肉蛋配料配送、半成品配送、社区老人服务及应急保障、智能家居平台、健康管理、家政帮扶、法律咨询等。

6. 绿色环保服务

绿色环保服务主要为旧家电回收、废品回收等。

四、社区生活服务 O2O 平台的目标

O2O 即 Online To Offline，是一种将互联网和传统实体商业相结合的商业模式，物业服务企业通过整合线上和线下资源，为业主提供更便利、个性化服务。

1. 有利于业主

业主能享受到由信息化带来的全新生活理念，以及高质量的人性化服务，例如通过网站、电话、社区服务站的立体服务，不出社区即可享受服务提供商提供的各种服务。

2. 有利于商户

商户和平台合作，再由物业公司直接面向社区业主，开创全新社区电子商务运作模式，从而提高商户的工作效率、降低商户的运营成本，提升商户的销售利润。

3. 有利于政府

政府服务延伸至社区业主，形成良性互动，有利于实现向服务型政府转变。社区电子商务模式形成规模后将对推动经济增长、解决就业有积极作用。

4. 有利于物业

物业服务企业可以在社区电子商务、二级物流中转中发挥积极作用，增加物业服务项目和相应收入，密切与业主的关系。

第四节 物业管理系统平台

一、物业管理系统平台的概念

物业管理系统平台是一种利用信息技术和智能硬件，为物业管理提供数字化、智能化、平台化的解决方案。物业管理系统平台可以帮助物业公司提

高管理效率，降低运营成本，提升服务质量，增加盈利能力，实现物业管理的新升级。

二、物业管理系统平台的特点

物业管理系统平台具有软硬件一体化、全场景覆盖及新型盈利模式的特点。它可以实现物业管理的信息化、数字化、智能化；可以通过多种应用工具，满足物业管理的各个场景和需求；通过连接物业、业主和商家，整合更多的商业服务和公共服务，给物业公司带来新的商机。

三、物业管理系统平台的主要功能与帮助

物业管理系统平台的主要功能有：数据管理功能、设备管理功能、费用管理功能、运营管理功能、服务管理功能和社区运营功能。

物业管理系统平台的上述功能实现了物业公司对小区的房屋、车辆、住户等信息数据的录入、存储、查询和分析，为物业公司进行良好的物业管理，提供了准确的数据支撑。通过物业管理系统平台，物业公司在进行档案建立、制订设备的保养计划、安排维修任务、管理运营状态时更加高效。物业管理系统平台可以进行各种费用的自动计算、在线收费、生成账单、欠催费管理等，能帮助物业公司开展安全高效的费用收取工作。通过物业管理系统平台，还可以实现业主服务需求的在线受理、需求任务的在线派发、进度跟踪和任务结束的满意度调查等工作的管理，有利于物业服务企业提供高效优质的服务。物业服务企业在举行各种为丰富业主和使用人的生活而进行的各种社区活动时，通过物业管理系统平台，能进行在线发布、报名参与和互动评论等，有助于共建和谐社区。

物业管理系统平台还能助力物业企业拓展增值收益和精细化运作，优化内部管理，提高服务效率，同时可以为物业公司提供各种后台管理数据，方便物业公司管理和决策，提升业主对物业服务满意度，有效提升物业品牌竞争力。

物业管理系统平台涵盖了物业管理的多职能部门，如财务部、客服部、工程部、行政部、招商部、绿化保洁部等，实现了物业集团化的管理，可以管理下面的小区并监管各个小区的数据。

物业管理系统平台通过物业基本管理功能，提供物业线上管理的实时效

率性，打造智慧、有效、方便、快捷的智慧小区。例如，物业报修功能可以让业主线上提交报修工单，后台分派工单给员工处理；投诉建议功能可以让业主线上提交投诉建议工单，后台对投诉工单处理；在线缴费功能可以让业主在社区平台查询相关费用后即可在线缴费；短信群发功能可以帮助物业轻松实现营销管理，快速通知业主；移动抄表功能可以让物业上门抄表，录入数据即时生成未缴账单；智能巡更功能可以让物业在后台制定巡更路线和计划，并分派给员工按计划执行；公告通知功能可以让物业发布公告通知后即时推送给业主；可视化大数据功能可以收集小区有效数据并整理；物料管理功能可以让物业线上管理物料；活动管理功能可以支持创建各种类型活动，支持业主在线报名；社区商城功能可以整合周边资源引入优质商家，业主足不出户就可享受优质便捷的服务。

第五节　物业管理 APP 平台

一、物业管理 APP 平台的作用

物业管理 APP 平台主要是借助云计算、物联网技术和移动互联网等新型信息技术集成化运用，以业主的需求为出发点，为业主提供舒适化、多功能和现代化的智慧生活环境。

传统的物业管理模式仍需完善。管理效率需要提高，人力资源成本需要得到更合理的运用，由此开发物业管理 APP，让小区的居民用手机就可以享受智能化的管理服务内容。

物业管理 APP 软件具备发布小区资讯和涉及物业管理内容的社会资讯、房屋报修、一键缴费等功能，业主还可以实时查询物业服务。如万科物业 APP（住这儿）、幸福绿城、金地物业享家（享

图 20-1 万科物业 APP 界面

图 20-2 某住宅小区物业 APP 界面

家社区）、物业通等。图 20-1 为万科物业 APP 界面，图 20-2 为某住宅小区物业 APP 界面。

二、开发物业管理 APP 的意义

1. 对于业主而言

一方面，物业管理 APP 能解决困扰业主的小区常见问题，像时常需要使用的缴纳房租水电费、申请维修服务等功能，业主生活在小区不仅可以处理好生活难题，还可以了解当前所在社区的情况，包括物业服务时间、物业公司信息、业委会主任姓名和联系方式、小区的管理规约等，以丰富的信息展示和人性化的服务，给予业主更方便的生活体验。

2. 对于物业服务企业而言

物业服务企业可以通过物业 APP 软件系统与业主开展线上沟通交流，数据化的平台让小区的各项数值展示更公开、透明。还可以收集业主的建议，为业主带来更好的物业服务。物业服务企业联系第三方商家在物业 APP 中开设更多业务服务，不仅能提高物业的服务质量，还能获得更多经济收益。

三、物业类管理 APP 的基本功能

（一）物业功能

物业功能是物业类 APP 中最重要的功能。业主要想使用物业功能先要绑定房产，并且通过物业的审核才可以使用。

1. 社区公告

物业通过 APP 发布社区公告。例如停水停电通知、节日问候、社区活动等信息。

2. 物业服务

业主可随时提交服务需求，包括在线报修、中央空调加时、物品存放、装修申请、清洁绿化、投诉建议等。

3. 物业缴费

此功能支持业主随时随地查询和缴纳物业管理费、水电费、停车费、垃圾处理费等费用。

4. 管家服务

业主需要长期离家时，可向物业申请管家服务，由物业公司代管房屋情况。用户可以在 APP 上一键呼叫管家或者给管家发送语音或文字等信息寻求帮助。

5. 智慧停车

智慧停车是指将智慧停车系统接入 APP，为用户提供寻找停车位、租车位、缴纳停车费等功能。

6. 门禁系统

手机开门是指将智能门禁硬件接入 APP，为用户提供手机一键开门的功能。相较于传统门禁，手机门禁具有安装简单、维护成本低、安全性较高等优点。

7. 访客邀请

访客邀请是指用户通过手机门禁向访客下发“钥匙权限”即可自助通行的功能。业主可通过生成二维码，发送给访客，访客入门时直接扫描二维码即可进门。通过访客管理，可以将人员出入的信息存于云平台，有效确保出入场所的安全，方便业主和访客。

8. 家庭安防

可以实现一键报警，及时通知小区安保。

9. 社区医院

预约社区医生上门服务。

（二）邻里社交

邻里社交是大部分物业类 APP 的一个大板块，然而从现实的运营数据和运营效果来看，邻里社交有需求，但不是强需求。目前邻里社交主要提供的功能有：小区活动、二手买卖、邻里互助、发表日志等。

（三）增值服务

增值服务是指物业服务企业整合周边资源以自营或第三方服务的模式，通过 APP 向用户提供家政、家装、外卖、理财、社区电商等服务。

1. 社区电商

社区电商是指 APP 向用户提供的商城功能，主要提供水果生鲜、米面粮油等日常生活必需品。

2. 理财服务

社区理财是指物业方引入保险、证券等理财类产品，为用户提供理财服务。理财公司与物业合作运营活动，如买理财产品免物业费等的形式，吸引用户参与。

3. 房屋租售

结合房产中介的数据和服务支撑，在 APP 上查询自有房屋的评估价值，以及物业周边房屋、车位的租赁、买卖情况。

4. 快递代收

物业服务企业代收快递，通过 APP 将取件码发送给业主，业主凭码取件。

5. 二手市场

业主可发布转让或求购某些商品的信息。

6. 宠物服务

发布关于宠物的转送、领养、寄养，有偿喂猫、遛狗等信息。

7. 家教服务

发布家教信息，发布的信息包含家教的名字、性别、年龄、价格、照片、教授课程、学历、联系方式等内容。

第六节 物业服务企业的网站建设

作为一个企业，在互联网上搭建自己的网站，可以向世界展示自己的企业风采，让更多人了解自己的企业，使企业能够在公众知名度上有一定的提升。

一、物业服务企业网站建设意义

（1）有利于提升企业形象。企业网站的作用与企业在报纸和电视上所做的宣传类似。不同之处在于企业网站容量更大，企业可以把任何想让客户及公众知道的内容放在网站上。此外，搭建企业网站的经济投入比其他广告方式的要低得多。

（2）使企业具有网络沟通能力。互联网真正的内涵在于其内容的丰富性，几乎无所不有。对物业服务企业来说，拥有网站就拥有了网络沟通能力。

（3）可以全面详细地介绍企业及企业产品。企业网站最基本的功能之一，就是能够全面、详细地介绍企业及企业产品。企业可以把任何想让人们知道的信息放在网站上。如企业简介、企业的人员、企业文化、服务的项目等。

（4）可以与客户保持密切联系。每当人们想知道某物业服务企业有的服务或新产品，或者只是想知道该企业有什么新闻时，他们就会习惯性地登录该企业的网站。因为大多数企业会把所有产品和服务信息发布于企业网站，并且定期更新有关企业的新闻，企业有了网站后便可以利用网络与客户进行沟通。

（5）可以与潜在客户建立商业联系。这是企业网站最重要的功能之一，也是为什么那么多企业非常重视网站建设的根本原因。因为这样做费用最低、效率最高。

（6）可以降低通信费用。对于物业服务企业来说，每年的通信费用是一笔非常庞大的开支。利用企业网站所提供的集团电子信箱可以有效地降低通信费用。

（7）可以利用网站及时得到客户反馈的信息。客户往往不会积极主动地向企业反馈信息，但如果企业在设计网站时，放入方便客户与企业联系的电子邮件和电子表格，客户可能会因此而主动与企业联系。

二、物业服务企业网站开发注意事项

1. 要体现品牌性和商业性

物业网站要体现物业企业的品牌，树立品牌意识。同时，物业服务属于服务行业，所以物业服务企业网站建设也必须体现商业性。

2. 要重视物业网站的主要栏目和管理功能

物业网站的欢迎页就可以采用吸引人的方式，使用 Flash 动画。网站的主页要对物业企业文化荣誉等做介绍，服务项目是最核心一项，物业靠服务起家，物业网站所能提供的服务项目也是用户浏览时最关心的问题。

另外物业网站的栏目中还可设计新闻中心栏目，这个栏目应在行业门户中最为明显。新闻中心的主要功能是介绍公司的近期活动和行业内的最新咨询。

第二十一章　BIM 在物业管理中的应用及发展

第一节　BIM 在物业管理中的应用

一、BIM 简介

BIM 是 Building Information Modeling 的简写，即建筑信息模型。BIM 通过参数建模将信息可视化，把各个信息转化成可以直接视图的三维效果图。BIM 贯穿于建筑的规划阶段、设计阶段、施工阶段、运营阶段等组成的整个生命周期中，基于 BIM 可以实现可视化、管线碰撞处理、4D 管理等。在建筑物整个生命周期中，与建筑物相关的所有信息都记载在 BIM 模型中，与建筑物相关的应用者可以在 BIM 模型中找到自己需求的信息和协同工作者。BIM 模型中涉及的所有协同工作者的示意图见图 21-1。BIM 模型常用软件有：Revit、Bentley、Architecture、Archi CAD 等。

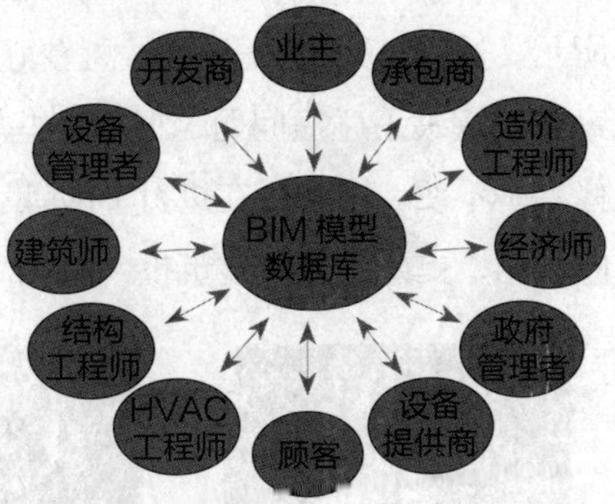

图 21-1　协同工作者示意图

从协同工作者示意图可以看出，通过建立 B1M 模型，相关的各方人员都可以实时交流、共享信息和协同工作，物业管理人员也可以运用 BIM 模型搜集与建筑物相关的建筑材料设备、建筑设计、建筑施工的所有信息，通过与相关人员进行详尽的技术、信息数据交底，为后期运营管理打好稳定而扎实的理论基础和信息收集基础。在此基础上，运用 BIM 模型建立自己的物业管理模型体系，指导、应用和监督后期的运营管理。

二、物业管理早期介入阶段的 BIM 应用

BIM 的可视化功能可帮助物业服务企业在项目规划设计或施工建设阶段介入项目，具有显著的实用性。BIM 建模能将建筑的结构、建筑、设备模型及它们之间的空间联系以三维图形的形式表现出来，有利于物业服务企业对设计的理解，有利于提高物业服务企业与设计师、施工方的沟通效率和效果。物业服务企业介入 BIM 管线设计与施工，从设备管线维修和养护的角度提出一些实用性意见，可以使管线排布更合理、更具可维护性。例如，是否为后期维护预留了足够的检测、施工空间。在设计和施工阶段进行 BIM 优化设计是目前 BIM 的一个相对成熟的应用点，是避免施工过程中造成过多的变更的有效手段。暖通空调、给排水、电气、消防等专业设计师存在设计协同困难，因此在图纸中常存在不易发现的管线碰撞、净空不足等问题。BIM 优化设计的原理就是整合分析各专业设计的空间信息，进行碰撞检测、净空检测等，并能利用三维图形的方式展示，进而实现管线综合等设计的优化。如某医院的空调与风管冷凝管、喷淋管与消防管有多处管线碰撞，如图 21-2、21-3 所示。进行 BIM 优化设计，可较好地解决管线碰撞问题。这时的管线综合方案虽然解决了碰撞问题，但是某些管线间距过小可能造成施工困难和后期维修养护不便。因此，在进行 BIM 设计优化的过程中，可以根据物业服务人员的意见，更好地兼顾建筑投入使用后维修的养护要求。

图 21-2　空调与风管冷凝管

图 21-3　喷淋管与消防管

三、物业管理招投标阶段 BIM 的应用

传统方式下的物业管理招投标，投标公司通过二维图纸和现场考察来了

解标的物业。然而二维图纸信息不全面、对图纸理解的误差以及现场考察时间短等因素，会限制投标公司得到充分的信息。这不仅给标价的合理计算造成困难，也会使投标报价有关的外在风险不易明确，并会在之后的管理工作中给物业服务企业带来经济损失。从设计施工阶段沿用下来的 BIM 模型，是一个庞大的信息库。招标方可以筛选 BIM 数据库中的信息，导出招投标阶段所需的模型。模型中包含招标物业的空间、功能、业主基本构成、基本设施设备等信息。这些信息不仅能用三维图形的方式展示，还能将所需信息以表格的形式导出，帮助投标的物业服务企业了解物业的情况，明确招标要求。投标的物业服务企业可以对着 BIM 模型，充分理解项目各方面信息，做出更为细致的服务方案和精准的投标报价，中标方案中提出的服务更具可行性。

四、物业承接查验阶段 BIM 的应用

物业服务企业在承接验收待管物业时，BIM 强大的集成数据库功能可以很好地发挥作用。物业的所有相关信息都与 BIM 模型一一对应，使用者可以借助平板电脑等移动设备，在每一处现场验收时即时查看相应信息资料。除了及时在模型中查看信息，物业服务企业还能将验收过程中发现的信息第一时间录入模型中。例如，物业某处的质量情况、验收不合格返工情况、电梯与水泵等设备的负载运行实验数据等，甚至细微到所用材料的性能、各户预留孔道是否齐全等情况都可详细录入与模型对应位置,并记录日后要做养护、维护的要点。

五、运营维护管理阶段 BIM 的应用

1. 应用于前期管理

物业运营维护阶段的前期管理，工作内容包括业主权籍和档案管理、物业入住管理、物业装修管理等。在这一阶段可以把业主房间的 BIM 模型、业主的权籍资料和其他相关的档案文件形成电子文件，以此作为业主数字化资产的基础。业主的数字资产信息还可以包括一些家具和房间装饰装修信息，这样一个精细的数字资产模型将是物业资产管理的实用工具。另外，在业主或者租户入住时，物业管理方通过三维可视化的 BIM 模型向其介绍隐蔽工程

情况，例如强电弱电、给排水管道等，同时提供一些日常使用的注意事项和建议。这样，业主和用户对物业服务企业的满意度必然会显著提高。

图 21-4　某医院三楼吊顶内部管线示意图

2. 应用于房屋修缮与装修管理

其一，BIM 作为一个建筑信息数据库，可以快速地提供房屋修缮所需要的完整的准确的参数数据，保证维修的顺利快速进行。

其二，BIM 模型通过三维可视化的图形准确地表现建筑构件和设备之间的空间联系（如图 21-4），维修人员可以据此进行快速准确地定位出问题的构件建筑以及制定模拟施工方案，从而避免对隐蔽工程的错误或过度开挖，节省维修成本。

其三，从设计、施工阶段沿用下来的 BIM 模型中还保留着各种溯源信息、变更信息，物业管理人员可以据此协助业主溯源问责。在需要对物业进行翻、装修时，装修设计公司可以根据 BIM 模型进行科学的设计、出施工图、施工计划、效果图等。而物业管理人员则适当审查其设计、施工方案，提出必要的优化意见并且备案、及时更新模型以及做好相关管理工作。

3. 应用于建筑设备管理

一方面 BIM 中储存了所有设备的信息，借助三维图形的形式可以更为清晰、直观地反映每台设备、每条管路、每个阀门的情况，如图 21-5 所示。

图 21-5　某医院设备房三维视图

物业管理人员只需点击模型图即可查询到各个设备的基本信息，比如设备供应商、所在位置、联系电话、维护情况等。或者在电脑客户端界面输入相关设备信息就能在 BIM 模型中准确定位。从模型中提取运维管理所需的各种设备信息，从而可以拓展在 BIM 中附加设备的检测和维修记录，合理地安排检修计划。

另一方面，结合建筑自动化系统（BAS）可以实现以下三个功能。

第一，对设备的使用期限设置到保或过保预警及报警，对到保过保的设备进行及时维护及更换，有效预防事故的发生。

第二，对设备运行状态实时监控。BIM 平台上可以看到建筑内每一个设备的运行状态，通过设置绿色正常运行，红色故障显示，只要打开模型，点击任意位置，就能详细了解该位置的设备运行状态；另外，管理人员还可以对设备进行远程控制，例如对某个设备进行开启、关闭等操作。

第三，耗能分析。BIM 技术与物联网技术的组合应用，可以对日常能源消耗情况进行有效监控。在设备增加传感功能后，比如安装具有传感功能的电表、水表、燃气表等，就可以在管理系统中及时收集各个设备的能源消耗信息，根据这些信息统计分析建筑各区域、各用户水电气消耗情况，并对异常能源使用情况进行警告或者标识,为管理者进行能源管理提供可靠的依据。

第二节 BIM 在物业管理中的作用

将 BIM 技术融入物业管理，可将建筑本体、建筑环境、建筑内部空间、设施设备维修养护、建筑能耗、人员安全等多方面的超大量信息进行多专业整合共享，达到提高信息可视化与模拟性、增强信息协调性与共享性，以及能够进一步对信息进行分析与预测，解决传统物业管理中的痛点，提高物业的管理效率，提升物业服务水平。

1. 使信息连贯、生动、可读

BIM 技术可运用于建筑的全生命周期，其基础是“建筑模型”，核心是“信息”。因此，在物业管理阶段能够继承从项目开始、设计、施工直到建成的全部过程且保持不断更新的完整信息，增强了信息的连贯性、透明性。

BIM 具有可视化的特点，即使看不懂图纸也可通过三维模式具体、清晰、快速地了解项目情况，其可利用三维模式分层、分视角展示建筑的各个层、面；通过“点击”三维模型中的构造、构件、设备设施，甚至小到每个零件，均可即时获取如型号、尺寸、使用材料及其特性、与其关联的构造及设备情况、运行及维修保养情况、管理者等与其相关的所有信息；逆向操作同理，可将上述信息作为检索条件，通过“输入”检索的信息定位构造、构件、设备设施，以及与之相关联的构造、构件及设备设施，甚至小到每个零件；在观察一些隐蔽工程时，也可使用“透明化”功能呈现隐蔽的管线、阀门等，同时也可准确、快速地将其进行定位。

同时，BIM 具有参数化的特点，即“一处变，处处变”。当某个部位发生变化或者调整，无须人为调整，与之相关的所有部分都会自动发生相同的变化，实现关联信息自动更新。例如，传统物业管理中更换某个设备设施构件，或对某个设备设施进行维修后，往往不得不对每个与之相关的各个独立系统进行同一信息的人工录入变更。另外，维修管道有时需要加装或者改变某一管道位置，传统物业管理中一旦维修后能够确保正常使用，很有可能这项工作就意味着结束，忽略了加装或者改变位置的管道在图纸上的更新，当未来发生某些问题需要参阅图纸时，未更新的老旧图纸将不能发挥任何指引作用，给维修工作带来很大困难。但利用 BIM 技术，物业维保人员完成维修保养上传信息后，与之相关的所有部分（如：表单、图纸、三维模型信息、维保的设备设施属性等）无须人为操作，而是由系统自动关联更新。减少了由于人工录入产生的错误、遗漏，维保结束同时系统信息完成更新，将大大提高工作效率并为后续工作提供保证。

2. 可对系统信息进行模拟及预警

BIM 技术可对系统运行中的一些情况进行提醒或预警，如设备出现故障或到期需要养护、能源消耗出现异常情况、不明人员入侵、租户租期到期等。当发生火灾时，还能自动报火警，及时定位火灾发生的位置，及时查看火灾发生的区域及周围情况，甚至能够规划逃生的路线帮助遇险人员快速撤离。另外，BIM 技术也能对有可能发生的突发或者危险事件进行模拟，测试应对的计划，预估可能造成的损失，提高物业服务企业在管理上的及时性与预见性。

3. 有助于建筑节能

BIM 技术 + 物联网能实时采集、分析用电量、用水量、燃气量等能源消耗量及其费用、走势，还能远程对室内温度、湿度监测获取信息。通过信息的实时反馈对能耗进行调节、控制，优化能耗使用，达到节能的目的。

4. 降低对员工及其经验的依赖性

BIM 技术可以在建筑模型生成的同时形成关于人员、设备设施、建筑本体、空间等各类信息表单，以及平面、立面、剖面、详图等各类建筑施工图纸，并且能够实时、快速地根据具体情况的变化而调整信息，表单、图纸等不需要人工调整，而是随信息的变化自动调整。由此减少对人工的使用，降低对人工的依赖性，加之 BIM 技术帮助物业管理实现协同工作，将避免产生由于工作交接造成的信息断层的问题。

5. 提高物业管理的响应速度

环境卫生管理、公共秩序维护、设备设施维修养护、房屋本体维修养护等物业管理方面的工作流程、组织构成、组织内人员构成、岗位职责、管理区域等与 BIM 基础三维模型相结合，当出现异常情况或问题时，利用 BIM 技术，系统内部通过已集成的信息能够快速定位发生区域及区域管理人员，该区域管理人员也能够迅速反应，及时解决处置问题，提高管理水平及工作效率。

利用 BIM 技术，能够做到提前预警、帮助定位"坏点"。例如，按照计划提醒管理、技术人员进行房屋本体维护，以及设备维护、检修、报废等。检修或维护工作结束后，相关检修或维护的信息自动上传到系统，进行统一化管理，为日后的房屋本体维护，设备维护计划提供数据基础。同时，BIM 技术也能够实现远程对设备运行进行控制，提高响应速度。例如，当发生漏水时，可快速响应关闭阀门，找到"坏点"，减少损失；发生突发状况时，无须再查阅很多图纸、记录，系统可快速以三维模式定位发生位置及以往记录，快速解决问题。由此，在对物业项目的管理中，可先于业主提前发现问题，快速解决问题，提高对物业项目的管理水平，增加客户满意度。

6. 实现集成管理

物业管理中的信息"孤岛"问题制约了管理者对物业项目的统筹管理。而 B1M 能够集成组织内的人员、客户服务及设备设施、房屋本体、环境卫生、公共秩序维护、能源管理等物业管理相关信息，且各专业、部门能够共享以上信息，实现房屋本体维护、环境卫生管理、公共秩序维护管理、设备设施管理、能源管理等的协同化、系统性、标准化管理。同时，BIM 能够利用管理过程的集成信息，对物业服务人员的工作质量和工作效率进行合理量化，积累和分析管理过程的集成信息，为日后管理提供策略基础。

参考文献

[1] 董永轶 . 物联网时代物业管理优化思路探索 [J]. 质量与市场，2023（10）.

[2] 张建利 . 大数据环境下物业管理的创新策略探究 [J]. 数据，2021（21）.

[3] 刘丽云 . 基于BIM智能的物业管理体系研究 [J]. 安徽建筑大学学报，2018:26（03）.

[4] 张红扬，王赐城，黄惠娟 .BIM 技术在物业管理中的应用研究 [J]. 现代物业（中旬刊），2018（07）.

[5] 陈瑶 . 基于物业管理的 BIM 技术应用价值探析 [J]. 中国房地产，2021（07）.

[6] 薛立，刘亚臣 . 高层住区物业管理与服务 [M]. 北京 : 中国建筑工业出版社，2015:8.

[7] 薛立，杜冰 . 物业与资产管理 [M]. 大连 : 大连理工大学出版社，2019:10.

[8] 韩朝，张春德 . 智能建筑的物业管理 [M]. 北京 : 清华大学出版社，2019:4.

[9] 刘亚臣，薛立 . 物业管理 [M]. 第五版 . 大连 : 大连理工大学出版社，2012:10.

[10] 王怡红 . 物业管理法律法规 [M]. 北京 : 清华大学出版社，2021:4.

[11] 北京物业管理行业协会编 . 中国物业管理行业常用法律法规文件汇编 [M]. 北京 : 中国计划出版社，2022:1.

[12] 陆泽荣，刘占省 .BIM 应用与项目管理（第二版）[M]. 北京 : 中国建筑工业出版社，2018:5.